AF135985

Pinar Yildiz

Die Gleichstellung von Mann und Frau im Berufsleben

Gleicher Lohn für gleiche Arbeit mit dem Entgelttransparenzgesetz?

Bibliografische Information der Deutschen Nationalbibliothek:

Die Deutsche Nationalbibliothek verzeichnet diese Publikation in der Deutschen Nationalbibliografie; detaillierte bibliografische Daten sind im Internet über http://dnb.d-nb.de abrufbar.

Impressum:

Copyright © Studylab 2020

Ein Imprint der GRIN Publishing GmbH, München

Druck und Bindung: Books on Demand GmbH, Norderstedt, Germany

Coverbild: GRIN Publishing GmbH | Freepik.com | Flaticon.com | ei8htz

Inhaltsverzeichnis

Abbildungsverzeichnis

Abkürzungsverzeichnis

AEUV	Arbeitsweise des europäischen Vertrages
AGG	allgemeines Gleichbehandlungsgesetz
BAG	Bundesarbeitsgericht
BetrVG	Betriebsverfassungsgesetz
BMFSJF	Bundesministerium für Familie, Senioren, Jugend und Frauen
bpb	Bundeszentrale für politische Bildung
BPersVg	Bundespersonalvertretungsgesetz
BVerfG	Bundesverfassungsgesetz
bzw.	beziehungsweise
DAX	deutsche Aktienindex
d.h.	das heißt
EEOC	Equal Employment Opportunity Commission
eg.check	Entgeltgleichheits-Check
EntgTranspG	Entgelttransparenzgesetz
EU	Europäische Union
EuGH	Europäischer Gerichtshof
EVA-Liste	Evaluierung von Arbeitsbewertungssystemen
EY	Ernst & Young
ff.	fortfolgende
GewO	Gewerbeordnung
gg.check	Gleichbehandlungs-Check
GG	Grundgesetz
GPG	Gender Pay Gap
HGB	Handelsgesetzbuch
IW	Institut der deutschen Wirtschaft
KMU	kleine und mittelständische Unternehmen
Logib-D	Lohngleichheit im Betrieb-Deutschland

MDAX	Midcap-DAX
SDAX	Small-Cap-DAX
TecDAX	Technologie-Aktien-Werte
TzBfG	Teilzeit- und Befristungsgesetz
Vgl.	Vergleich
z.B.	zum Beispiel
ZDF	Das Zweite Deutsche Fernsehen

1 Einleitung

1.1 Problemstellung

"21 Prozent Lohnunterschied sind ein Skandal" so die aktuelle Bundesfrauenministerin Franziska Giffey in ihrer Rede zum Internationalen Weltfrauentag. Sie fügt hinzu "Frauen haben die gleichen Rechte und Pflichten wie Männer. Trotzdem gibt es Unterschiede in der Bezahlung[...]"[1] Ähnliches betonte auch die ehemalige Bundesfrauenministerin Katarina Barley in ihrer Rede vor dem Deutschen Bundestag am 1. März 2018 in Berlin:

"Gleichstellung ist heute noch nicht selbstverständlich und noch lange nicht erreicht"[2]

Das Berliner Abgeordnetenhaus stimmte als erstes Bundesland am 24.Januar 2019 den Weltfrauentag am 8. März zu. Dieser wird dieses Jahr erstmals in Berlin als gesetzlicher Feiertag begangen.[3] Auf internationaler Ebene gilt der 8. März ebenfalls als Weltfrauentag. In den Vereinigten Staaten ist dieses Datum seit 1977 ein offizieller Feiertag. In Deutschland wurde das Datum erstmalig im Jahre 1911 gefeiert. Das Ziel dieser Initiative war klar definiert: Gleichberechtigung, ein Wahlrecht für Frauen und die Emanzipation der Arbeiterinnen. Das Ziel des Wahlrechts wurde in Deutschland im Jahr 1918 erreicht und ist mittlerweile auch in weiten Teilen der westlichen Welt heute selbstverständlich. Bereits vor 60 Jahren, im Jahr 1949 wurde das Prinzip der Gleichstellung und Gleichberechtigung im deutschen Recht verankert.[4] Seitdem gilt „Männer und Frauen sind gleichberechtigt"[5] und „gleicher Lohn für gleiche Arbeit"[6]. Dennoch ist in der Praxis bis lang keine Entgeltgleichheit vorhanden. In Deutschland verdienen Frauen heute nach wie vor im Durchschnitt 20 % weniger als Männer. Diese Unterschiede werden damit begründet, dass Frauen häufig schlechter bezahlte Arbeit verrichten und oft in Teilzeit arbeiten aufgrund der Familienplanung und/oder einer damit verbundenen Kindererziehung. Das ist auch wenn es gegen die Gleichstellung verstößt, bis zu einem gewissen Grad nachvollziehbar, allerdings gibt es laut Statistischem Bundesamt

---

[1] Vgl. Die Bundesregierung: Eine Frage der Gerechtigkeit, 18.März 2018
[2] Dr. Katarina Barley: Rede vom 01.März 2018 in Berlin
[3] Vgl. rbb24.de: Berlin erklärt Frauentag zum gesetzlichen Feiertag, 24.01.2019
[4] Vgl. Die Bundesregierung: Internationaler Frauentag, 08.März 2018
[5] Grundgesetz: Artikel 3 Absatz 2 GG
[6] Gleichbehandlungsgrundsatz im Arbeitsrecht

auch einen erheblichen Unterschied in der Bezahlung bei Ausübung der gleichen Arbeit von 6%, hierzu gibt es keine nachvollziehbaren Begründungen.[7] Das ist ungerecht. 2016 verklagte die Reporterin Birte Meier ihren Arbeitgeber, die öffentlich-rechtliche Rundfunkanstalt Das Zweite Deutsche Fernsehen (ZDF), weil sie jahrelang deutlich weniger Gehalt als ihre männlichen Kollegen erhalten hat, die jünger waren als Meier, weniger Berufserfahrung hatten und die gleiche Arbeit ausübten. Auch in der zweiten Instanz ihrer Klage am 05. Februar 2019 blieb die preisgekrönte Reporterin erfolglos, die Diskriminierungsklage wurde vom Berliner Landesarbeitsgericht abgewiesen. Meier „habe nicht nachweisen können, dass sie ihr niedrigeres Gehalt beziehe, weil sie als Frau diskriminiert werde".[8] Dabei brachte Meier Belege vor Gericht, die bewiesen haben, dass zwölf ihrer männlichen Kollegen mehr als sie verdienten. Einer der Kollegen, den die Reporterin angab, verdiene sogar netto mehr als sie Brutto, so berichtet die Berliner Zeitung.[9] So schreibt Veronika Mayer für die Süddeutsche Zeitung über Birte Meier, dass „[...] während sie selbst drei Jahre lang auf eine Gehaltserhöhung warten musste, bekam ein Kollege, der gerade mal sechs Monate länger im Betrieb war als sie, 700 Euro mehr".[10] Der Fall der Reporterin hat symbolischen Charakter, da er für öffentliche Aufmerksamkeit gesorgt hat. So schreibt die Welt zum Verfahren „Es entstehe der Eindruck, dass eine Klage auf Lohngleichheit nur dann Erfolg habe, wenn der Arbeitgeber die Diskriminierung zugebe und dies dokumentiert werde. Gleiche Bezahlung sei ein europäisches Grundrecht, das in diesem Fall durch „künstliche Hürden" verhindert werde"[11]. Die Journalistin Christine Dankbar schreibt für die Berliner Zeitung „Ihr Fall hat bundesweit für Aufsehen gesorgt, weil es zum einen extrem selten ist, dass Frauen sich wegen Lohndiskriminierung vor Gericht wagen."[12] Außerdem kommentiert Mayer das Verfahren zeige „[...]was passiert, wenn eine Frau, die sich wegen ihres Geschlechts benachteiligt fühlt, in Deutschland vor Gericht zieht."[13] So schreibt auch Medienredakteur Christian Meier in seinem Artikel für die Zeitung

---

[7]   Vgl. Statistisches Bundesamt (destatis): Drei Viertel des Gender Pay Gap lassen sich mit Strukturunterschieden erklären, Pressemitteilung vom 14.03.2017

[8]   Mayer, Veronika: Kein Recht auf gleichen Lohn, Süddeutsche Zeitung, 05.Februar 2019

[9]   Vgl. Dankbar, Christine: Reporterin verklagt ZDF, weil sie weniger verdient als männliche Kollegen, Berliner Zeitung, 08.12.2016

[10] Mayer, Veronika: Kein Recht auf gleichen Lohn, Süddeutsche Zeitung, 05.Februar 2019

[11] Die Welt: ZDF-Reporterin scheitert erneut mit Klage auf gleiche Bezahlung, 05.02.2019

[12] Dankbar, Christine: Reporterin verklagt ZDF, weil sie weniger verdient als männliche Kollegen, Berliner Zeitung, 08.12.2016

[13] Mayer, Veronika: Kein Recht auf gleichen Lohn, Süddeutsche Zeitung, 05.Februar 2019

die Welt, „In Deutschland gibt es bisher vergleichsweise wenig Fälle, in denen Frauen ihren Arbeitgeber wegen Gehaltsdiskriminierung verklagt haben. Rechtsanwalt Hans-Georg Kluge nennt sieben Fälle seit 1949."[14] Die Entgeltgleichheit zwischen Männern und Frauen bei gleicher Arbeit ist sowohl im deutschen Arbeitsrecht, als auch im europäischen Recht verankert. Dennoch ist zu 7% der Fälle der unbegründet. Das Bundeskabinett beschloss im Jahr 2017, mit dem Hintergrund des Gender Pay Gap (GPG), dieser offensichtlichen Entgeltbenachteiligung von Frauen entgegenzuwirken und verabschiedete diesbezüglich ein Gesetz zur Förderung der Entgelttransparenz zwischen Frauen und Männern: das Entgelttransparenzgesetz (EntgTranspG).

Durch dieses Gesetz haben Arbeitnehmer das Recht, Auskünfte über die Entgeltstruktur im Unternehmen zu fordern, um dem Prinzip „Gleicher Lohn für gleiche Arbeit" gerecht zu werden. Die Arbeitgeber hingegen sind mit in Kraft treten dieses Gesetzes verpflichtet, in ihren Lageberichten zuzüglich über den Stand der Gleichstellung im Unternehmen zu informieren. Aus Kontrollzwecken können die betroffenen Unternehmen einem betrieblichen Prüfverfahren unterzogen werden. Hierbei prüfen private Unternehmen jeweils, ob sich die Unternehmen an das Gebot der Entgeltgleichheit halten. Das Gesetz soll Transparenz in die Gehaltsstrukturen der Unternehmen bringen. Damit sollte der Verstoß gegen das Gebot „gleicher Lohn für gleiche Arbeit" der Vergangenheit angehören.

Wenn man allerdings vor Augen führt, dass man schon 1911 diese Ungerechtigkeiten erkannt hat und seitdem dagegen vorgeht und im Jahre 2018 immer noch nicht die Ziele von damals voll umfänglich erreicht hat, muss man dieses Gesetz genauer analysieren. Fraglich ist, inwieweit das eingeführte Entgelttransparenzgesetz Einfluss auf die Entgeltgleichheit hat und ob es tatsächlich die bestehende Lohndifferenz zwischen Arbeitnehmerinnen und Arbeitnehmer beseitigen kann.

---

[14] Meier, Christian: ZDF Reporterin scheitert mit Klage für mehr Lohngleichheit, Die Welt, 01.02.2017

1.2 Zielsetzung

In dieser Bachelorarbeit soll das EntgTranspG auf die Anwendbarkeit und die Durchsetzung des Gebotes des gleichen Entgelts für Männer und Frauen bei gleicher Arbeit untersucht werden, um anschließend gegeben falls Verbesserungsvorschläge für das EntgTranspG erarbeiten zu können.

1.3 Vorgehensweise

Beginnend wird ein grundlegendes Wissen über den Gender Pay Gap vermittelt. Hierzu werden die verschiedenen Begrifflichkeiten des Gender Pay Gap erklärt und anhand von Zahlen und Statistiken wird die Kluft des Entgelts dargestellt. Da vor dem EntgTranspG bereits Gesetze zur allgemeinen Gleichbehandlung in der Bundesrepublik und im europäischen Recht vorhanden sind, werden diese einleitend ebenfalls kurz vorgestellt.

Darauf aufbauend wird das im Juli 2017 in Kraft getretene EntgTranspG analysiert, vorgestellt und bewertet. In diesem Teil der Bachelorarbeit wird auch ein kleines Praxisbeispiel zum individuellen Auskunftsanspruch des EntgTranspG erarbeitet.

Da das Gender Pay Gap ein internationaler Indikator für Entgeltungleichheit darstellt und in anderen Ländern ähnliche Ziele zur Entgeltgleichheit von Frauen und Männern ebenfalls verfolgt werden, erfolgt hier eine länderübergreifende Betrachtung zum Thema Entgeltgleichheit und Gender Pay Gap.

Aus diesen Länderbeispielen können ggf. wichtige Erkenntnisse gewonnen werden und daraus Verbesserungsvorschläge für das deutsche EntgTranspG abgeleitet werden.

Da es sich beim EntgTranspG um ein relativ „junges" Gesetz handelt, ist die Literatur nicht so umfangreich vorhanden. Das führte dazu, dass in dieser Arbeit wenige verschiedene Literaturquellen zur Recherche und Analyse herangezogen werden konnten. Vollumfängliche wissenschaftliche Beurteilung zum EntgTranspG sind kaum vorhanden, lediglich Juristen aus dem Arbeitsrecht haben diesbezüglich Gutachten erstellt. Die aktuelle Situation konnte hauptsächlich aus den Studien und Berichten des Bundesministerium für Familie, Senioren, Jugend und Frauen (BMFSJF), der Antidiskriminierungsstelle des Bundes und der wissenschaftliche Dienste des Bundestages entnommen werden. Internetrecherche war hier Hauptteil der Bachelorarbeit. Die Literatur hatte nur ergänzenden Charakter.

2 Aktueller Stand

Im folgenden Kapitel dieser Arbeit werden Zahlen und Statistiken zum GPG dargestellt, eine kurze Erläuterung der Begrifflichkeit und die rechtlichen Grundlagen
zur Gleichbehandlung in Deutschland und Europa erläutert.

2.1 Gender Pay Gap

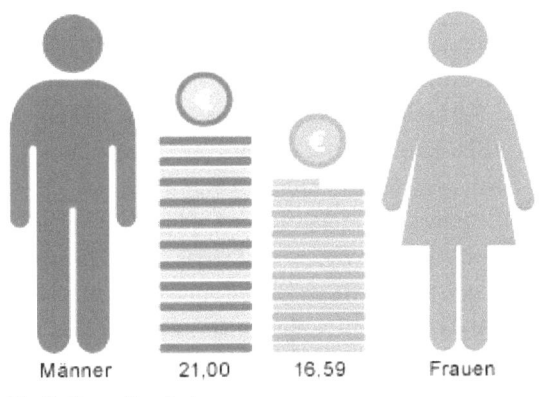

Durchschnittlicher Bruttoverdienst 2017
zur Berechnung des Gender Pay Gaps in EUR/Stunde

Männer   21,00   16,59   Frauen

Vorläufiges Ergebnis

© Statistisches Bundesamt (Destatis), 2018

Abbildung 1 Durchschnittlicher Bruttoverdienst 2017 zur Berechnung des Gender Pay
Gaps in EUR/Stunde

Laut statistischem Bundesamt liegt der sogenannte GPG für das Jahr 2017 bei 21%.
Der europäische Durchschnitt liegt für den GPG bei 16,2 %.[15] Oerder beschreibt
den GPG als ein Strukturindikator, der prozentual den geschlechtsspezifischen Verdienstunterschied zwischen Frauen und Männern verdeutlicht. Nach Oerder ist er
ein wesentlicher Bestandteil der Entgeltdiskriminierung im Sinne des Artikel 157
Arbeitsweise des europäischen Vertrages (AEUV).[16] Auf die Arbeitsweise des europäischen Vertrages und dessen Zusammensetzung wird im Laufe dieser wissen-
schaftlichen Arbeit in Punkt 1.2.3 näher eingegangen. Bis 2006 wurde bei der

---

[15] Vgl. Statistisches Bundesamt (Destatis): Unbereinigter Gender Pay Gap (o.D.)
[16] Vgl. Oerder, Lena: Zur Entgeltgleichheit von Frauen und Männern, B I, 2015, S.24

Betrachtung der Arbeitnehmerinnen und der Arbeitnehmer immer das Alter zwischen 16 bis 64 und die wöchentliche Arbeitszeit von Minimum 15 Stunden berücksichtigt.[17] Bei den Erhebungen werden Frauen aus der öffentlichen Verwaltung bis lang nicht berücksichtigt.[18] Laut statistischem Bundesamt verdiente die Frau demnach im Jahr 2017 einen durchschnittlichen Stundenlohn in Höhe von 16,59 Euro brutto und der Mann 21,00 Euro brutto (siehe Abbildung 1). Das Einkommensgefälle zwischen Frauen und Männer in Deutschland und auf internationaler Ebene wird regelmäßig durch amtliche Statistiken belegt. Jährlich erscheint ein „Global Gender Pay Gap Index".

Beim GPG wird zwischen der bereinigten und der unbereinigten Lohnlücke unterschieden. Um den unbereinigten GPG zu ermitteln, werden die absoluten Bruttostundenverdienste von Arbeitnehmerinnen und Arbeitnehmern ins Verhältnis zueinander gestellt, ohne Berücksichtigung der ursächlichen Faktoren für die Lohnlücke. Der bereinigte GPG hingegen bezieht sich auf den gefilterten Teil der Verdienstdifferenz zwischen den Geschlechtern. Dieser Filter bezieht sich auf strukturelle Unterschiede, wie ausgeübter Beruf, Beschäftigungsumfang, Bildungsstand, Berufserfahrung oder der geringe Anteil von Frauen in Führungspositionen. Es werden immer die Löhne von Männern und Frauen mit demselben individuellen Merkmal verglichen.[19] Die Basis für die Berechnung des GPG sind immer die vierjährlichen Verdienststrukturerhebungen. Für die Erhebung des GPG gelten seit 2006 EU-weit einheitliche Vorgaben, dadurch wird die länderübergreifende bzw. europäische Vergleichbarkeit der Verdienststrukturerhebung gewährleistet.[20] Die Ergebnisse beziehen sich immer auf den unbereinigten GPG.

Die untenstehende Abbildung 2 zeigt, dass sich der unbereinigte GPG in Deutschland in den letzten Jahren kaum verbessert hat. Für den Zeitraum 1998 – 2017 schwankte der GPG zwischen 21 und 23 %.

---

[17] Vgl. Bundesministerium für Familie, „Entgeltungleichheit zwischen Frauen und Männern in Deutschland" Dossier (2009), S. 6.

[18] Vgl. Bundesministerium für Familie, „Verringerung des Verdienstabstandes zwischen Männern und Frauen" Ressortbericht (2010), S. 5.

[19] Vgl. Statistisches Bundesamt, „Wie wird der Gender Pay Gap erhoben?" (o.D.)

[20] Vgl. Bundesministerium für Familie, Senioren, Jugend und Frauen: „Entgeltungleichheit zwischen Frauen und Männern in Deutschland" Ressortbericht (2009), S. S. 5.

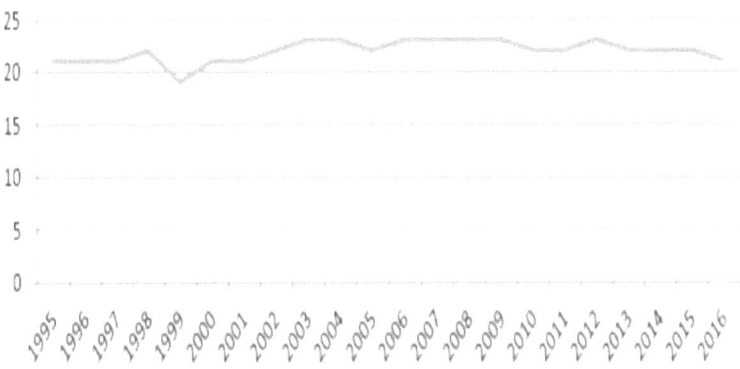

Abbildung 2 Entgeltwicklung des unbereinigter Gender Pay Gap in Deutschland 1995 – 2017

In Bezug auf den unbereinigten GPG werden Frauen europaweit weniger bezahlt als Männer. Im Erhebungsjahr 2016 liegt Deutschland dabei mit einem hohen Wert von 21% auf Platz 3 unter den 28 EU-Staaten. Den höchsten geschlechtsspezifischen Verdienstabstand hat Estland mit 25%. Die Tschechische Republik ist mit 22% Verdienstunterschied auf ähnlichem Stand wie Deutschland, gefolgt vom Vereinigten Königreich (21%) und Österreich (20%). Die geringsten Unterschiede im Bruttostundenverdienst haben Italien und Rumänien mit 5%, sowie Belgien und Luxemburg mit 6% (vgl. Abbildung 3).[21]

---

[21] Vgl. Statistisches Bundesamt „Gender Pay Gap 2016: Deutschland weiterhin eines der EU - Schlusslichter" (2016)

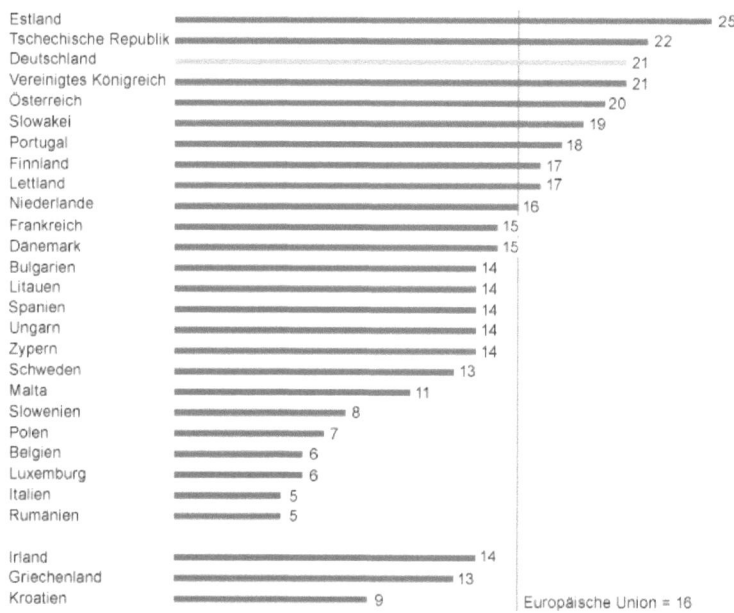

Unbereinigter Gender Pay Gap in den Mitgliedstaaten der EU 2016
in %

Estland	25
Tschechische Republik	22
Deutschland	21
Vereinigtes Königreich	21
Österreich	20
Slowakei	19
Portugal	18
Finnland	17
Lettland	17
Niederlande	16
Frankreich	15
Dänemark	15
Bulgarien	14
Litauen	14
Spanien	14
Ungarn	14
Zypern	14
Schweden	13
Malta	11
Slowenien	8
Polen	7
Belgien	6
Luxemburg	6
Italien	5
Rumänien	5
Irland	14
Griechenland	13
Kroatien	9

Europäische Union = 16

Werte für Irland, Griechenland, Kroatien: 2014.
Der Gender Pay Gap ist die Differenz des durchschnittlichen Bruttostundenverdienstes
der Männer und Frauen im Verhältnis zum Bruttostundenverdienst der Männer.

© IL Statistisches Bundesamt (Destatis), 2018

Abbildung 3 Unbereinigter Gender Pay Gap in den Mitgliedstaaten der EU 2016 in %

Die Antidiskriminierungsstelle des Bundes bezeichnet die Entgeltungleichheit zwischen Männer und Frauen als eine Diskriminierung der Frauen. Der Begriff Diskriminierung bedeutet laut dem Duden, die unterschiedliche Behandlung und Herabsetzung.[22] Dabei wird zwischen einer unmittelbaren und einer mittelbaren Diskriminierung differenziert. Eine unmittelbare Diskriminierung liegt bei einer direkten Benachteiligung der Entlohnung vor. Bei dieser Form der Diskriminierung fällt das Entgelt der Frau im Vergleich zum Mann geringer aus, trotz gleicher Tätigkeit und Qualifikation.[23] „Die mittelbare Diskriminierung von Frauen in Bezug auf das

---

[22] Vgl. DUDEN, (o.D.)

[23] Vgl. Antidiskriminierungsstelle des Bundes: „Benachteiligung/ Diskriminierung" Glossar (o.D.)

Entgelt kann vorliegen, wenn die Vergütung an scheinbar neutrale Kriterien an-
knüpft, jedoch Frauen durch sie in besonderer Weise benachteiligt werden", so die
Antidiskriminierungsstelle des Bundes in der Broschüre zur Entgeltgleichheit.[24]
Um die mittelbare Diskriminierung zu verdeutlichen nennt die Antidiskriminierungsstelle Teilzeitbeschäftigungen als Beispiel: Wenn z.B. die Frau aufgrund ihrer
Teilzeitbeschäftigung vom Betrieb ohne sachlichen Grund vom Weihnachtsgeld
ausgeschlossen wird, könnte eine mittelbare Benachteiligung in Bezug auf das Entgelt vorliegen.[25] „Die Ursachen für die Entgeltungleichheit sind vielfältig", so die
Aussage der Antidiskriminierungsstelle.[26] Das Bundesministerium für Familie, Senioren, Jugend und Frauen begründet die bestehende Entgeltungleichheit mit verschiedenen Gründen. Zum einen ist die Anzahl der Männer in Führungspositionen
höher als Frauen. Zum anderen tendieren Frauen häufiger zu Teilzeitbeschäftigungen und unterbrechen auch die Erwerbstätigkeit länger wegen der Familie als Männer.[27] Außerdem haben Frauen oft Arbeitsplätze in kleineren Unternehmen, die
nicht tarifgebunden sind oder die teilweise auch weniger Lohn zahlen als Großunternehmen.[28] Die Bundeszentrale für politische Bildung (bpb) führt dazu noch die
horizontale und vertikale Segregation des Arbeitsmarktes als weiteren Grund für
Entgeltungleichheit zwischen Frauen und Männern aus. In der Literatur wird zwischen diesen beiden Ebenen von Diskriminierung unterschieden. Die vertikale Segregation bezieht sich auf unternehmensspezifische Hierarchien, auf die geringere
Positionierung der Frauen und die horizontale Segregation auf die Tätigkeit, Bran-
che oder Beruf, auf die weibliche Überpräsenz in spezifische Tätigkeit,- Branchen,-
und Berufsfeldern.[29] Außerdem sei der Faktor Bildung ein weiterer Grund für die
bestehende Entgeltlücke laut Bundesministerium.

---

[24] Vgl. Antidiskriminierungsstelle des Bundes: „Entgeltgleichheit schaffen", S. 4

[25] Vgl. Antidiskriminierungsstelle des Bundes: „Benachteiligung / Diskriminierung" Glossar
(o.D.)

[26] Antidiskriminierungsstelle des Bundes: „Entgeltgleichheit: Was sind die Ursachen für die
Lohnunterschiede" (o.D.)

[27] Vgl. Bundesministerium für Familie: „Entgeltungleichheit zwischen Frauen und Männern in
Deutschland" (2009), S.10

[28] Vgl. Antidiskriminierungsstelle des Bundes: Entgeltgleichheit, 2018

[29] Vgl. Bundeszentrale für politische Bildung: „Geschlechterungleichheiten: Gender Pay Gap"
11.08.2014

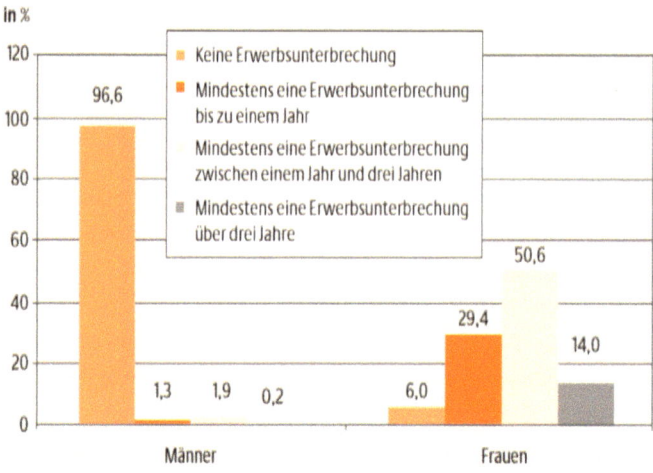

Quelle: IW (2008b); SOEP.

Abbildung 4 Erwerbsunterbrechung wegen Kindes in Prozent

Eine Statistik des Instituts der deutschen Wirtschaft (IW) veranschaulicht die Verteilung der Erwerbsunterbrechungen wegen Kindes. Bei genauer Betrachtung der Abbildung 4 wird deutlich, dass nur 3,4 % der berufstätigen Männer ihre Beschäftigung wegen Kindes unterbrechen. Die Hälfte der berufstätigen Frauen hingegen, hat mindestens eine Erwerbsunterbrechung zwischen einem und drei Jahren. Und nur 6 % aller berufstätigen Frauen nehmen keine Erwerbsunterbrechung in Erwägung.

2.2 Rechtslage

Vor dem Hintergrund des verfassungsrechtlichen Gleichbehandlungsgrundsatzes soll im nächsten Kapitel die Entgeltgleichheit erklärt werden. Dabei wird als erstes auf das nationale Gleichheitsgebot in Artikel 3 Grundgesetz (GG) eingegangen. Hier ist zu erwähnen, dass dieser Grundsatz ebenso mit Artikel 157 AUEV auf europäischer Ebene auch gilt. Außerdem wird das allgemeine Gleichbehandlungsgesetz (AGG) in Betracht gezogen, welches ebenfalls Bezug auf die Entgeltgleichheit zwischen Frauen und Männern nimmt.

2.2.1 Das Gleichheitsgebot im deutschen Grundgesetz

Seit der Verabschiedung des Grundgesetzes 1949 gilt in Deutschland das Prinzip der Entgeltgleichheit. Die Gleichberechtigung von Frauen und Männer wird in

Artikel 3 Absatz 2 und 3 Grundgesetz festgelegt, „Männer und Frauen sind gleichberechtigt. Der Staat fördert die Gleichberechtigung von Frau und Mann und wirkt
auf die Beseitigung bestehender Nachteile hin"[30]. Der Artikel garantiert Gleichheit
vor dem Gesetz. Somit haben Frauen und Männer die gleichen Rechte und Pflichten
und eine Differenzierung nach Geschlecht ist untersagt. Eine Benachteiligung oder
Bevorzugung des Geschlechtes wegen, ist gemäß Artikel 3 Grundgesetz verboten.[31]
Der Staat ist verpflichtet, das Gleichheitsrecht in jeder Hinsicht zu garantieren.[32]
Das Gebot einer diskriminierungsfreien Bezahlung ist durch die Artikel 3 Grundgesetz sowie §§ 2ff. AGG und §75 Abs. 1 BetrVG geschützt.[33]

2.2.2 Das allgemeine Gleichheitsbehandlungsgesetz

Ebenso, wie das Gleichheitsgebot befasst sich das AGG mit der Gleichberechtigung.
Der §1 AGG sagt aus, dass „Benachteiligungen aus Gründen [...] des Geschlechts [...]
zu verhindern oder zu beseitigen (sind).[34] Bis 1. Juli 1955 durften Frauen nicht
ohne Erlaubnis ihrer Gatten eine eigene Erwerbsfähigkeit aufnehmen. Außerdem
gab es die sogenannten „Leichtlohngruppen": Frauen, die gleiche Arbeit wie Männer ausübten, durften nur einen bestimmten Anteil des von Männern erzielten
Lohns bekommen.[35] Bis in die 1970er Jahre waren für Männer „Frauenlohnab-
schläge" und „Geschlechterabschläge" tarifliche und betriebliche Realität, obwohl
es verboten war.[36] Im Jahre 1955 wurde vom Bundesarbeitsgericht (BAG) entschieden, dass „Generelle und schematische Gehaltsabschlagsklauseln für Frauen in Ta-
rifverträgen verstoßen gegen das Grundrecht der Lohngleichheit von Mann und
Frau bei gleicher Arbeit und sind daher nichtig.[37] Auch das Teilzeit- und Befristungsgesetz (TzBfG) befasst sich mit dem Thema der Entgeltungleichheit.[38] Demnach ist eine Diskriminierung oder Benachteiligung aufgrund des Beschäftigungs-

---

[30] Grundgesetz für die Bundesrepublik Deutschland: Artikel 3 Abs. 2 und 3 GG, Inkrafttreten
      am: 23. Mai 1949
[31] Grundgesetz für die Bundesrepublik Deutschland: Artikel 3 Abs. 3 GG, Inkrafttreten am: 23.
      Mai 1949
[32] BVerfG, Urteil vom 15. Januar 1958 – 1 BvR 400/51 –, BVerfGE 7, 198-23
[33] Vgl. Lelley, Jan Tibor: Das Entgelttransparenzgesetz, Deutscher Anwalt Spiegel (o. D.)
[34] Allgemeines Gleichbehandlungsgesetz: § 1 AGG, Inkrafttreten am: 18. August 2006
[35] Vgl. Antidiskriminierungsstelle des Bundes: Entgeltgleichheit, 2018
[36] Vgl. Hans-Böckler-Stiftung: Tarifarchiv (o.D.)
[37] Bundesarbeitsgericht Urt. v. 02.03.1955, Az.: 1 AZR 246/54
[38] Teilzeit- und Befristungsgesetz: § 4 Abs. 1 TzBfG, Inkrafttreten am: 1. Januar 2001

umfanges untersagt, [...] Arbeitnehmer darf nicht schlechter behandelt werden als ein vergleichbarer vollzeitbeschäftigter Arbeitnehmer [...] .[39]

Dennoch ist im AGG keine eindeutige Regelung zum Gebot des gleichen Entgelts für Männer und Frauen bei gleicher oder gleichwertiger Tätigkeit zu finden. Es wird von gleicher Arbeit gesprochen, wenn die üblichen Tätigkeiten der verglichenen Personen identisch oder unter Berücksichtigung von Belastung, Verantwortung, Arbeitsbedingungen und Qualifikation jedenfalls gleichartig sind, sodass die Beschäftigten bei Bedarf einander ersetzen können. Im Fall gleichwertiger Arbeit hingegen, schreibt Bertelmann in seinem Buch „verrichten verschiedene Arbeitspersonen äußerlich ungleiche Arbeiten, die nach ihrem Erscheinungsbild nicht miteinander vergleichbar sind. Überprüft werden soll nun aber, ob trotz der Verschiedenartigkeit der Arbeiten materiell beide Tätigkeiten gleich zu bewerten sind, weil sie beide in der Gesamtheit gleich zu gewichtende aktive und passive Anforderungen an die Arbeitspersonen stellen."[40]

Die Vorgabe der Europäischen Richtlinie 2006/54/EG ist entscheidend für die gesetzliche Entgeltgleichheit zwischen Frauen und Männern. Demnach müssen Frauen und Männer für gleiche und gleichwertige Tätigkeiten auch gleiches Entgelt erhalten.[41]

2.2.3 Vertrag über die Arbeitsweise der europäischen Union

In der Europäischen Union wurde bereits in den römischen Verträgen von 1957 das Prinzip „Gleicher Lohn für gleiche Arbeit" verankert. Auch der Vertrag über die Arbeitsweise der europäischen Union beinhaltet Regelungen zur Gleichbehandlung und Gleichberechtigung von Mann und Frau. Das europäische Recht ist grundsätzlich dem nationalen Recht der jeweiligen europäischen Mitgliedsstaaten übergeordnet. Wenn es zu einem Widerspruch beider Gesetzestexte kommen sollte, ist das europäische Recht primär vorzuziehen.[42] Ziel des Artikel 8 AEUV ist es „Ungleichheiten zu beseitigen und die Gleichstellung von Mann und Frau zu fördern".[43]

---

[39] Teilzeit- und Befristungsgesetz: § 4 Abs. 1 TzBfG, Inkrafttreten am: 1. Januar 2001

[40] Pfarr, Bertelsmann: Lohngleichheit – Zur Rechtsprechung bei geschlechtsspezifischer Entgeltdiskriminierung, S.10

[41] Vgl. Wissenschaftliche Dienste: Entgeltunterschiede zwischen Männern und Frauen in Deutschland und in den Mitgliedstaaten der Europäischen Union, 02.02.2011, S.6

[42] Vgl. Vertrags über die Arbeitsweise der Europäischen Union: Art. 288 AEUV

[43] Vertrag über die Arbeitsweise der Europäischen Union: Artikel 8 AEUV

Alle Artikel und Richtlinien des Europäischen Parlaments richten sich an die einzelnen Mitgliedstaaten und somit müssen diese Artikel und Richtlinien im nationalen Recht der einzelnen Mitgliedsländer verankert sein.

Der Artikel 157 Absatz 1 des AEUV adressiert direkt die Entgeltgleichheit, „die Anwendung des Grundsatzes des gleichen Entgelts für Männer und Frauen bei gleicher oder gleichwertiger Arbeit sicherstellen".[44] Die europäische Richtlinie 2006/54/EG nimmt Bezug auf den Grundsatz der Chancengleichheit und Gleichbehandlung von Männern und Frauen in Arbeits- und Beschäftigungsfragen.[45] Früher bestand die Richtlinie 2006/54/EG aus mehreren einzelnen Richtlinien, diese wurden nach einer Rechtsbesprechung des Gerichtshofs der Europäischen Gemeinschaften in eine einzigem Text zusammengefasst bzw. neugefasst. Davon waren folgende Richtlinien getroffen:

- 76/207/EWG zur Verwirklichung des Grundsatzes der Gleichbehandlung von Männern und Frauen hinsichtlich des Zugangs zur Beschäftigung, zur Berufsbildung und zum beruflichen Aufstieg sowie in Bezug auf die Arbeitsbedingungen
- 86/378/EWG zur Verwirklichung des Grundsatzes der Gleichbehandlung von Männern und Frauen bei den betrieblichen Systemen der sozialen Sicherheit und
- 75/117/EWG zur Angleichung der Rechtsvorschriften der Mitgliedstaaten über die Anwendung des Grundsatzes des gleichen Entgelts für Männer und Frauen,
- 97/80/EG über die Beweislast bei Diskriminierung aufgrund des Geschlechts.[46]

Der Vertrag zur Gründung der Europäischen Gemeinschaft (EG-Vertrag) ist mit Inkrafttreten des Lissabon-Vertrags zum 1.12.2009 in "Vertrag über die Arbeitsweise der Europäischen Union" umbenannt worden.[47]

---

[44]   Vertrag über die Arbeitsweise der Europäischen Union Artikel 157 Abs. 1 AEUV
[45]   Vgl. Europäisches Parlament und der Rat der Europäischen Union v. 5. Juli 2006
[46]   Vgl. Richtlinie 2006/54/EG des europäischen Parlaments und des Rates vom 5. Juli 2006
[47]   Vgl. EG Vertrag, Art. 137 EG, 01.12.2009

3 Genaue Untersuchung des Entgelttransparenzgesetzes

Im kommenden Kapitel dieser Bachelorarbeit soll das erst im Jahr 2017 in Kraft getretene EntgTranspG genaustens untersucht werden. Dabei soll zunächst erläutert werden, was der Hintergrund und das Ziel des Gesetzes ist, da das deutsche Recht bereits, wie in Kapitel 1.1 ff. kennengelernt, die Entgeltgleichheit zwischen Männern und Frauen fördert und eine Benachteiligung aufgrund des Geschlechtes ausdrücklich verbietet. Dies soll als Grundlage dienen um in Kapitel vier zu prüfen, in wie weit das Gesetz in der Praxis umsetzbar ist und ob es die Durchsetzung des Gebotes des gleichen Entgelts für Männer und Frauen bei gleicher Arbeit verwirklicht. Um dies zu beantworten soll als erstes die Rechtslage analysiert werden. Hierfür sollen die Kernpunkte des Gesetzestextes ermittelt und dargestellt werden.

3.1 Ziel des Gesetzes

Seit den Römischen Verträgen aus dem Jahr 1957 ist das das Gebot des gleichen Entgelts für Männer und Frauen für gleiche oder gleichwertige Arbeit fester Bestandteil der europäischen Verträge. Zugleich signalisiert es die grundrechtlich geschützte Gleichberechtigung von Frauen und Männern.

Am 7. März 2014 hat die europäische Komission (EU-Kommission) zur Stärkung des Grundsatzes des gleichen Entgelts für Frauen und Männer mehr Lohntransparenz empfohlen und forderte die Mitgliedsstaaten auf, einen entsprechenden Handlungsplan zur Umsetzung der Empfehlung bis zum 31. Dezember 2015 zu fertigen.[48]

Das EntgTranspG wurde durch das Bundeskabinett im Januar 2017 debattiert und ist am 06.Juli 2017 in Kraft getreten. Die Idee stammt von der ehemaligen Familienministerin Manuela Schwesig.[49] Hintergrund des Gesetzes zur Förderung von Entgeltgleichheit zwischen Frauen und Männern ist das in Punkt 1.1 erwähnte GPG. Demnach beträgt der aktuelle GPG für Deutschland 21 %. Deutschland schneidet mit diesem Wert im internationalen Vergleich eher schlecht ab. Da die Gründe für den unbereinigten GPG vielfältig sein können, ist er kein direkter Indikator für unmittelbare Entgeltdiskriminierung bei Frauen im Sinne des AGG.[50] Es handelt sich

---

[48] Vgl. Kotthaus, Elisabeth, Empfehlung der Europäischen Kommission zur Stärkung des Grundsatzes des gleichen Entgelts für Frauen und Männer durch Transparenz vom 7. März 2014

[49] Vgl. Zdrzalek, Lukas, Die Zeit: „Wie viel verdient mein Kollege?" 2. März 2015

[50] Vgl. Oerder, Lena: Zur Entgeltgleichheit von Frauen und Männern, B I. o. Datum, S.21

allerdings um ein eindeutiges Indiz für mittelbare Entgeltbenachteiligung.[51] Als Vergleichswert sollte daher der bereinigte GPG in Betracht gezogen werden. Dieser betrug im Jahr 2017 laut statistischem Bundesamt 6 %, d.h. Frauen verdienten bei gleicher Arbeit 6 % weniger als Männer.[52] An diesem Punkt setzt das Gesetz entsprechend an, sowohl die unmittelbare als auch die mittelbare Entgeltdiskriminierung wegen des Geschlechts soll beseitigt werden. Das Gesetz fördert die Transparenz von Entgelt und Entgeltstrukturen.[53]

Nach § 1 des EntgTranspG lautet es: „Ziel des Gesetzes ist es, das Gebot des gleichen Entgelts für Frauen und Männer bei gleicher oder gleichwertiger Arbeit durchzusetzen."[54] Das Gesetz nimmt Bezug auf das AGG, genauer gesagt auf § 8 Absatz 2 AGG. Es könnte als eine Art Erweiterung angesehen werden. Wenn Beschäftigte eine identische oder gleichartige Tätigkeit ausführen, liegt Gleiche Arbeit vor. Dabei ist es unrelevant, ob die Tätigkeit nacheinander am selben Arbeitsplatz oder an unterschiedlichen Arbeitsplätzen verrichtet wird. Die Arbeitnehmer können sich bei Erfordernis gegenseitig ersetzen, da die ausgeführten Aufgaben und Anforderungen beinahe identisch sind.

Beispiel: Busfahrerinnen und Busfahrer der Kölner Verkehrsbetriebe können sich intern des Betriebes gegenseitig ersetzen.

Die Definition von „gleiche Arbeit" wird in §4 Abs.1 EntgTranspG beschrieben:

„(1) Weibliche und männliche Beschäftigte üben eine gleiche Arbeit aus, wenn sie an verschiedenen Arbeitsplätzen oder nacheinander an demselben Arbeitsplatz eine identische oder gleichartige Tätigkeit ausführen."[55]

Gleichwertige Arbeit liegt vor, wenn die Tätigkeiten den gleichen Arbeitswert aufzeigen. Der Inhalt der ausgeübten Arbeit ist zwar verschieden, aber in der Gesamtheit bringen sie die gleichen Anforderungen und Belastungen mit sich. Vergleichswerte für die Feststellung von gleichwertiger Arbeit sind Art der Arbeit, die

---

[51] Vgl., Merkel, Angela, Deutscher Bundestag: Entwurf eines Gesetzes zur Förderung der Transparenz von Entgeltstrukturen, 13.12.2017, S.1.

[52] Vgl. Statistisches Bundesamt: Equal Pay Day – Verdienstunterschied bei Frauen und Männern, 15.03.2017

[53] Vgl. Merkel, Angela: Entwurf eines Gesetzes zur Förderung der Transparenz von Entgeltstrukturen, 13.12.2017, S.1

[54] Entgelttransparenzgesetz: §1 EntgTranspG 2018

[55] Entgelttransparenzgesetz: §4 Absatz 1 EntgTranspG

Ausbildungsanforderungen und die Arbeitsbedingungen. Die jeweiligen Faktoren müssen erfasst und bewertet werden.[56]

Der Gesetzestext definiert in §4 Abs.2 EntgTranspG gleichwertige Arbeit folgendermaßen:

„(2) Weibliche und männliche Beschäftigte üben eine gleichwertige Arbeit im Sinne dieses Gesetzes aus, wenn sie unter Zugrundelegung einer Gesamtheit von Faktoren als in einer vergleichbaren Situation befindlich angesehen werden können. Zu den zu berücksichtigenden Faktoren gehören unter anderem die Art der Arbeit, die Ausbildungsanforderungen und die Arbeitsbedingungen. Es ist von den tatsächlichen, für die jeweilige Tätigkeit wesentlichen Anforderungen auszugehen, die von den ausübenden Beschäftigten und deren Leistungen unabhängig sind."[57]

Die Bundesregierung versuchte bereits durch „die Einführung des gesetzlichen Mindestlohns, die Geschlechterquote für Aufsichtsräte, die Neuregelung zur Pflegezeit und Familienpflegezeit, die Verbesserung der Rahmenbedingungen zur Vereinbarkeit von Familie und Beruf durch das ElterngeldPlus sowie der Ausbau und die qualitative Verbesserung der Kindertagesbetreuung zur Lohngerechtigkeit zwischen Frauen und Männern beizutragen."[58]

Das Entgelttransparenzgesetz ist ein weiterer Schritt der Bundesregierung um die bestehende Entgeltlücke zwischen Männern und Frauen zu minimieren.[59]

Das Entgelttransparenzgesetz enthält im wesentlichen folgende Ansätze zur Durchsetzung des Gebotes des gleichen Entgelts für Männer und Frauen bei gleicher Arbeit, die Einführung eines individuellen Auskunftsanspruches für Arbeitnehmer, die Erstellung eines Lageberichts zur Gleichstellung und Entgeltgleichheit im Unternehmen schriftlich zu erfassen und die Einführung eines betrieblichen Prüfverfahrens.[60] Die Einzelheiten werden in Punkt 2.2 ff näher erläutert.

---

[56] Vgl. Bundesministerium für Familie, Senioren, Frauen und Jugend: Glossar Entgelttransparenzgesetz, 21.09.2018

[57] Entgelttransparenzgesetz: §4 Absatz 2 EntgTranspG

[58] Merkel, Angela: Entwurf eines Gesetzes zur Förderung der Transparenz von Entgeltstrukturen, 13.12.2017, S.2.

[59] Vgl. Bundesministerium für Familie, Senioren, Frauen und Jugend: Informationen zum Gesetz zur Förderung der Entgelttransparenz, 2017, S.4

[60] Vgl. Bundesministerium für Familie, Senioren, Frauen und Jugend: Gleicher Lohn für gleiche Arbeit, 06.07.2017

3.2 Inhaltlicher Aufbau des Gesetzes

Im nachfolgenden Kapitel wird dargestellt wie das Gesetz aufgebaut ist, was Entgelt bedeutet, wie die Rechtslage aussieht und welche Regelungen zur Umsetzung zu beachten sind.

Das Entgelttransparenzgesetz enthält insgesamt 25 Paragraphen, die folgendermaßen gegliedert sind:

§§ 1-9 Zielsetzung, Anwendungsbereich, Ver- und Gebote, Definitionen

§§ 10-16 individueller Auskunftsanspruch

§§ 17-20 Vorschriften zum betrieblichen Prüfverfahren

§§ 21-22 Berichtpflicht des Arbeitgebers

§§ 23-25 Funktion des Gleichstellungsbeauftragen, Evaluation der Gesetzes- Wirksamkeit

„Das Allgemeine Gleichbehandlungsgesetz bleibt unberührt. Ebenfalls unberührt bleiben sonstige Benachteiligungsverbote und Gebote der Gleichbehandlung sowie öffentlich-rechtliche Vorschriften, die dem Schutz oder der Förderung bestimmter Personengruppen dienen."[61]

Der Begriff Entgelt ist sprachlich nicht gleichzustellen mit Geld, es kommt vom Verb „entgelten" und in Deutschland ist der Sprachgebrauch von Lohn, Vergütung oder Gehalt gängiger. Die Definition von Entgelt ist auf die Art.157 Absatz 2 AEUV zurück. Der Begriff Entgelt im Rahmen des Entgelttransparenzgesetzes §5 Absatz 1 EntgTranspG umfasst alle Geld- und Sachleistungen, die der Arbeitgeber den Arbeitnehmerinnen und Arbeitnehmern unmittelbar oder unmittelbar aufgrund des Beschäftigungsverhältnisses zahlt.[62] „[...]Dazu zählen alle gegenwärtigen oder künftigen Leistungen, die der Arbeitgeber dem Arbeitnehmer auf Grund des Dienstverhältnisses gewährt, unabhängig davon, ob sie auf Grund eines Arbeitsvertrags, kraft einer Rechtsvorschrift oder freiwillig erbracht werden."[63] Ein Dienstwagen oder ein Firmenhandy etwa können als Sachleistung gelten. Sonderzahlungen wie das Weihnachtsgeld oder Elternurlaubsgeld gehören auch zum Entgelt. Nach einer Rechtsprechung des Europäischen Gerichtshofes (EuGH) „ist es

---

[61] Entgelttransparenzgesetz: §2 Absatz 2 EntgTranspG, 2108
[62] Vgl. Entgelttransparenzgesetz: §5 Absatz 1 EntgTranspG
[63] EuGH, Urteil vom 21.10.1999, Az C-333/97, Slg. 1999, I-7243

unerheblich, aus welchem Grund der Arbeitgeber die Leistung gewährt, sofern er diese wenigstens mittelbar im Zusammenhang mit dem Beschäftigungsverhältnis erbringt."[64] Als Orientierungshilfe können Arbeitgeber die Vorgaben zur Entgeltbescheinigung in der Gewerbeordnung (GewO) nutzen. In § 108 GewO ist beschrieben, was unter den Entgeltbegriff fällt. Nach § 108 GewO muss jeder Arbeitgeber eine Lohngehaltsabrechnung für jede Arbeitnehmerin und jedem Arbeitnehmer erstellen. In dieser Abrechnung wird ersichtlich, wie das Entgelt zusammengesetzt wurde, Art und Höhe von Zuschlägen, Zulagen, sowie sonstige Vergütungen.[65] je

3.2.1 Auskunftsanspruch

Im Fokus des EntgTranspG liegt das individuelle Auskunftsanspruch der Arbeitnehmer im Sinne der §§ 10 bis 16. Mit diesem Anspruch haben sowohl berufstätige Frauen, als auch berufstätige Männer das Recht zu erfahren, wie die Entgeltstruktur in ihrem Betrieb aufgebaut ist. Arbeitnehmerinnen und Arbeitnehmer desselben Betriebes haben Anspruch darauf, zu erfragen wie hoch das Entgelt des jeweils anderen Geschlechts ist, mit der Voraussetzung das diese im Sinne des § 10 Absatz 2 Satz 1 gleiche oder gleichwertige Arbeit ausüben. Außerdem können die Beschäftigten erfahren, welche Kriterien und Verfahren bei ihrem eigenen Entgelt von Bedeutung sind.[66] Der individuelle Auskunftsanspruch ist nur für Betriebe mit mehr als 200 Mitarbeitern vorgeschrieben (§12 Absatz 1 EntgTranspG), auch im öffentlichen Dienst gilt der individuelle Auskunftsanspruch ab 200 Mitarbeitern (§16 EntgTranspG).[67] Das Recht auf Auskunftsanspruch haben Beschäftigte nur alle zwei Jahre, es sei denn die Grundlage für die Entgeltberechnung des Arbeitnehmers hat sich verändert (§10 Absatz 2 EntgTranspG).[68]

Seit dem 06.Januar 2018 können Arbeitnehmerinnen und Arbeitnehmer Anspruch darauf erheben. Arbeitnehmerinnen die diesen Anspruch in Erwägung ziehen und erfahren möchten, wie viel die männlichen Kollegen bei gleicher oder vergleichbarer Arbeit verdienen, müssen dies gemäß §10 Absatz 2 Satz 1 EntgTranspG in Textform einreichen. Dabei muss in dem schriftlichen Anspruch die gleiche oder gleichwertige Tätigkeit genannt werden, auf die sich die Auskunft beziehen soll (§10

---

[64] EuGH, Urteil vom Urt. v. 21.10.1999, Az.: C-333/97

[65] Vgl. Gewerbeordnung: § 108 Abs. 1 GewO.

[66] Vgl. Bundesministerium für Familie, Senioren, Frauen und Jugend: Das neue Entgelttransparenzgesetz- Mehr Chancen für Beschäftigte, Juli 2017, S.7

[67] Vgl. Entgelttransparenzgesetz: §§12 Absatz 1 und §16

[68] Vgl. Entgelttransparenzgesetz: §10 Absatz 2 EntgTranspG

Absatz 2 Satz 2 EntgTranspG). Die Anspruchsstelle im Betrieb ergibt sich durch die Vertragsform. In tarifgebundenen Unternehmen ist der Betriebsrat direkter Ansprechpartner für den Auskunftsanspruch über das Entgelt. Wobei dem Arbeitgeber die Wahl zusteht, ob er das Anliegen selbst beantworten will. Wenn das Unternehmen nicht tarifgebunden ist, aber ein Betriebsrat vorhanden ist, müssen die Arbeitnehmer sich an diesen wenden. Nur wenn kein Betriebsrat im Unternehmen präsent ist, ist der Arbeitgeber persönlich Ansprechpartner für den individuellen Auskunftsanspruch.[69] Für leitende Angestellte ist immer der Arbeitgeber direkter Ansprechpartner für den Auskunftsanspruch, nicht der Sprecherausschuss.[70] Aus Datenschutzgründen wird nicht direkt das Entgelt des jeweils anderen Geschlechts mitgeteilt, sondern nur ein Vergleichsentgelt für die Vergleichstätigkeit. Um diesen Wert zu ermitteln wird eine Vergleichsgruppe gebildet. Um das Vergleichsentgelt zu ermitteln, müssen mindestens sechs Beschäftigte mit gleicher oder vergleichbarer Tätigkeit, des anderen Geschlechts herangezogen werden.[71] Das Vergleichsentgelt wird als Median des monatlichen durchschnittlichen Bruttoentgelts angegeben sowie als Median für höchstens zwei weitere Entgeltkomponente.[72] Diese Entgeltkomponente können beispielsweise Leistungszulagen oder Weihnachtsgelder sein. Auch bei der Ermittlung der Vergleichsentgelte gelten wieder andere Vorgehensweisen für tarifgebundene und tarifanwendende Betriebe. Für tarifgebundene Unternehmen gilt bei der Ermittlung des Medians, das Entgelt aller Mitarbeiter des anderen Geschlechts zu erkundigen, welche in derselben vertraglich in der Tarifgruppe eingeordnet sind. Um den Median bei nicht tarifgebundenen Unternehmen zu ermitteln, wird nach der Tätigkeit selektiert. Es wird das durchschnittliche Monatsentgelt aller Mitarbeiter des anderen Geschlechts ermittelt, die Vergleichstätigkeiten ausüben.[73] Beide Varianten setzen mindestens sechs Beschäftigte des anderen Geschlechts voraus um den Median zu messen. Um den statistischen Median zu berechnen werden alle vorhandenen monatlichen Bruttoentgelte aufgelistet und der Größe nach sortiert. Die Zahl, die in der Mitte steht, ist der Median. „[...] Das Vergleichsentgelt ist anzugeben als auf Vollzeitäquivalente hochgerechneter

---

[69] Vgl. Hensche Rechtsanwälte: Entgelttransparenzgesetz in Kraft, 22.November 2018

[70] Vgl. Bundesministerium für Familie, Senioren, Frauen und Jugend: Das Entgelttransparenzgesetz- Leitfaden für Arbeitgeber und Betriebs- und Personalräte, Juli 2017 S.28

[71] Vgl. Bundesministerium für Familie, Senioren, Frauen und Jugend: Glossar Entgelttransparenzgesetz, 21.09.2018, P.12

[72] Vgl. Hensche Rechtsanwälte: Entgelttransparenzgesetz in Kraft, 22.November 2018

[73] Vgl. Bundesministerium für Familie, Senioren, Frauen und Jugend: Glossar Entgelttransparenzgesetz, 21.09.2018, P.11

statischer Median des durchschnittlichen monatlichen Bruttoentgelts sowie der benannten Entgeltbestandteile, jeweils bezogen auf ein Kalenderjahr [...]."[74]

Die nachfolgenden Abbildungen zeigen beispielhaft die Vorgehensweise für die Ermittlung des durchschnittlichen Medians. Im Beispiel sind acht Vergleichsbeschäftigte vorhanden:

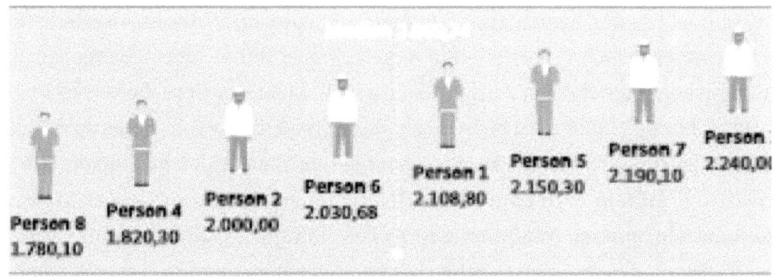

Abbildung 5 Erster Schritt: Ermittlung durchschnittlichen Bruttomonatsentgelte

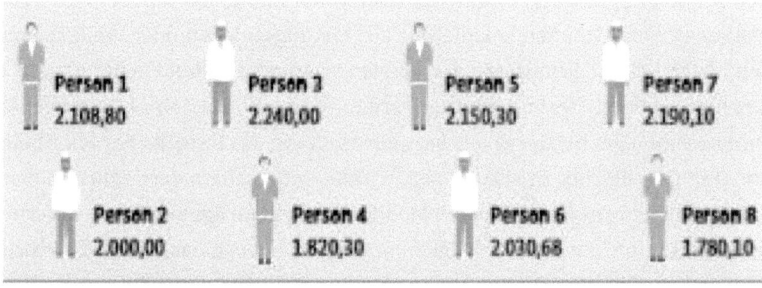

Abbildung 6 Zweiter Schritt: Sortierung der durchschnittlichen Bruttomonatsentgelte

Sowohl Arbeitgeber als auch der Betriebsrat haben gemäß § 15 Absatz 3 Satz 2 EntgTranspG drei Monate Zeit um das Auskunftsverlangen seiner Mitarbeiterin oder seines Mitarbeiters entsprechend zu beantworten. Wenn der Arbeitgeber sich nicht an die vorgegebene Zeit hält oder das Anliegen des Arbeitnehmers auf Auskunft nicht wahrnimmt, trägt er im Falle eines Gerichtsverfahrens die Beweislast. Der Arbeitgeber muss dem Gericht beglaubigen, dass er nicht gegen das Entgeltgleichheitsgebots im Sinne des Entgelttransparenzgesetzes verstoßen hat.[75] Bei einem Verstoß gegen das Entgeltgleichheitsgebot ist der Arbeitgeber verpflichtet,

---

[74] Entgelttransparentgesetz: §11 Absatz 3 Satz 3 EntgTranspG
[75] Vgl. Hensche Rechtsanwälte: Entgelttransparenzgesetz in Kraft, 22.November 2018

20

sein Fehlverhalten zu verbessern. Er muss das Entgelt anpassen und das Entgelt zahlen, das der Arbeitnehmerin oder dem Arbeitnehmer zugestanden hätte, wenn es keine Benachteiligung wegen des Geschlechts gegeben hätte. Falls das zustehende Entgelt vom Arbeitgeber nicht gezahlt wird, können die Betroffenen es gerichtlich verlangen.[76] Das Arbeitsgericht würde in solch einen Fall urteilen.

Für Beschäftigte im öffentlichen Dienst übernimmt der Personalrat das Auskunftsverlangen. Gleichgestellt mit dem Betriebsrat ist der Personalrat zuständig für die Förderung der Gleichberechtigung von Frauen und Männern im Betrieb (§68 Absatz 1 Nr.5a BPersVg). Für die Entgelte im öffentlichen Dienst gelten gesetzliche Besoldungsregelungen oder tarifliche Entgeltregelungen. Deshalb wird beim Auskunftsanspruch das gleiche Verfahren wie für tarifgebundene oder tarifanwendende Arbeitgeber angewendet.[77]

Die untenstehende Abbildung 7 wird vom Bundesministerium für Familie, Senioren, Frauen und Jugend zur Verfügung gestellt wird. Aus dieser wird ersichtlich, welche Arbeitgeber vom Auskunftsanspruch gemäß dem neuen Entgelttransparenzgesetz betroffen sind und welche Betriebe verpflichtet sind ein Prüfverfahren zur Entgeltgleichheit im Betrieb durchzuführen.

---

[76] Vgl. Bundesministerium für Familie, Senioren, Frauen und Jugend: Informationen zum Gesetz zur Förderung der Entgelttransparenz, 2017, S.7

[77] Vgl. Entgelttransparenzgesetz: § 14 EntgTranspG und § 16 S. 2 EntgTranspG

Quickcheck zum Entgelttransparenzgesetz

Am 6. Juli 2017 ist das Gesetz zur Förderung der Transparenz von Entgeltstrukturen in Kraft getreten. Mit dem Quickcheck finden Sie schnell heraus,
ob und wie Ihr Betrieb oder Unternehmen vom Entgelttransparenzgesetz
betroffen ist.

1. Sind Sie vom Auskunftsanspruch betroffen?

2. Ist Ihr Unternehmen aufgefordert, ein Prüfverfahren durchzuführen?

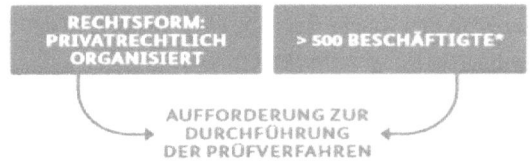

Abbildung 7 Quickcheck zum Entgelttransparenzgesetz

Ein Praxisbeispiel[78]

Die Altenpflegerin Lisa S. arbeitet in einem tarifgebundenen Pflegeheim mit 300
Beschäftigten. Nach einem Gespräch mit dem Fahrer Udo M., der ebenso Beschäf-
tigter im Pflegeheim ist, fühlt sich die Altenpflegerin ungerecht bezahlt und stellt
schriftlich in Textform folgenden Auskunftsanspruch an den Betriebsrat:

---

[78] Vgl. Bundesministerium für Familie, Senioren, Frauen und Jugend: Entgelttransparenzgesetz:
Ein Leitfaden für Arbeitgeber, Betriebs- und Personalräte, Juli 2017, S.34

Sehr geehrte Mitglieder des Betriebsrats,

mit diesem Brief mache ich meinen individuellen Auskunftsanspruch nach dem Entgelttransparenzgesetz geltend. Als Vergleichsgruppe nenne ich die Fahrer, da diese meiner Meinung nach einer gleichwertigen Tätigkeit im Sinne des § 4 Entgelttransparenzgesetz erfüllen. Die Fahrer erhalten eine Leistungszulage, genauso wie ich als Altenpflegerin. Neben der Leistungszulage bekommen die Fahrer außerdem eine Erschwerniszulage, die ich als Altenpflegerin aber nicht kriege. Ich finde das ungerecht, da wir täglich Menschen helfen, sie vom Bett aufrichten, beim Toilettengang unterstützen und außerdem viel Wäsche und Sonstiges tragen müssen. Im Vergleich zum Fahrer ist das deutlich mehr, diese müssen nur ab und zu die Säcke mit Wäsche heben und ins Auto platzieren. Aus diesem Grund erfrage ich mit diesem Schreiben die mir zustehenden Kriterien und Verfahren zu meiner eigenen Entgeltfindung und die der Vergleichsgruppe, der Fahrer.

Außerdem erfrage ich die Höhe des durchschnittlichen Bruttomonatsentgelts und die Höhe der Leistungszulage der Fahrer.

Mit freundlichen Grüßen

Lisa S.[79]

Der Auskunftsanspruch von Frau S. ist mit diesem Schreiben eingegangen. Fraglich ist, wer das Auskunftsersuchen zu beantworten hat: Betriebsrat oder Arbeitgeber. Grundsätzlich gilt nach § 14 Abs. 1 EntgTranspG, dass in tarifgebundenen und tarifanwendenden Betrieben, der Betriebsrat sich um das Auskunftsersuchen der Beschäftigten kümmert gemäß § 10 Abs. 1 EntgTranspG. Dennoch muss der Betriebsrat den Arbeitgeber über den Auskunftsanspruch informieren. Er muss dem Arbeitgeber mitteilen, um welche Beschäftigtengruppe es sich handelt, welche Vergleichstätigkeit und welche Entgeltbestandteile erfragt werden. Der Name der oder des Anfragenden bleibt anonym. Die Anonymität soll gewähren, dass der Arbeitgeber das Auskunftsverlangen objektiv beantwortet. Der Arbeitgeber entscheidet frei, ob er das Auskunftsverlangen selbst beantwortet oder der Betriebsrat das übernehmen soll. In beiden Fällen muss der oder die Antragstellende darüber informiert werden, wer die Auskunft erteilt.[80] Nach § 14 Absatz 1 Satz 3 „kann der

---

[79] Vgl. Bundesministerium für Familie, Senioren, Frauen und Jugend: Ein Leitfaden für Arbeitgeber, Betriebs-und Personalräte Juli 2017, S.35
[80] Vgl. Entgelttransparenzgesetz: § 14 Absatz 2 EntgTranspG

Betriebsrat verlangen, dass der Arbeitgeber die Auskunftsverpflichtung über-nimmt".[81]

Mit Bezug auf das Beispiel von Frau S. wird beim Auskunftsanspruch als erstes folgendes geprüft:

1. Ist die anfragende Person Beschäftigte im Sinne des § 5 Absatz 2 Entg-TranspG?

   Frau S. ist Arbeitnehmerin im Pflegeheim.

2. Sind in dem Betrieb mehr als 200 Mitarbeiter beschäftigt gemäß § 12 Absatz 1 EntgTransp?

   Das Altenpflegeheim hat 300 Beschäftigte.

3. Ist der Auskunftsanspruch in Textform (§ 10 Abs. 2 S. 1 EntgTranspG)? *Frau S. hat einen Brief abgegeben.*

4. Wurde eine zumutbare Vergleichstätigkeit genannt (§ 10 Abs. 1 S. 2 Entg-TranspG)?

   Frau S. hat die die Tätigkeit der Fahrer als Vergleichstätigkeit genannt.

5. Nach § 10 Abs. 1 S. 3 EntgTranspG darf das monatliche Bruttoentgelt und zwei einzelne Entgeltbestandteile erfragt werden.

   Frau S. erfragt das monatliche Bruttoentgelt und Leistungszulage der Fahrer.

6. Wird die Reichweite gemäß § 12 Abs. 2 EntgTranspG eingehalten?

   Frau S. und die Fahrer sind im selben Pflegeheim beim selben Arbeitgeber beschäftigt, es bestehen keine regionalen Unterschiede, beide gehören derselben Beschäftigungsgruppe an und gelten als „Arbeitnehmerinnen und Arbeitnehmer".

7. Ist die Wartefrist eingehalten (§ 10 Abs. 2 S. 2 EntgTranspG)?

   Frau S. stellt ihren ersten Auskunftsanspruch.[82]

---

81 Entgelttransparenzgesetz: § 14 Absatz 1 Satz 3
82 Vgl. Bundesministerium für Familie, Senioren, Frauen und Jugend: Ein Leitfaden für Arbeitgeber, (o.D.) S.42

Die Prüfung ergibt, dass Frau S. die formellen und inhaltlichen Vorgaben des Entgelttransparenzgesetzes erfüllt. Der Betriebsrat kann nun ihr Auskunftsverlangen beantworten. Nach §11 Absatz 2 EntgTranspG erstreckt sich das Auskunftsanspruch auf die Kriterien und Verfahren, die das eigene Entgelt, sowie das Entgelt für die Vergleichstätigkeit festlegen. Für die Beantwortung des Auskunftsanspruches von Frau S. muss der Betriebsrat nun die einzelnen Bestandteile des tariflichen Entgelts zusammenstellen. Hierfür erfolgt eine Gegenüberstellung der einzelnen Positionen, wie Grundentgelt, Leistungszulage, Erschwerniszulage und Wochenend- und Nachtzuschlag visualisiert, wie das Entgelt von Frau S. und die der Fahrer zusammengestellt ist. Durch diese Gegenüberstellung wird ersichtlich, welche Kriterien und Verfahren für das Entgelt von Bedeutung sind. In dem Antwortschreiben des Betriebsrates muss die Antragstellerin Frau S. erfahren, wo sie die tarifvertragliche Regelung nachlesen kann.[83]

Im nächsten Schritt muss der Betriebsrat, das Vergleichsentgelt in Form eines Medianwertes für die Vergleichstätigkeit ermitteln. Wie die Ermittlung des Medianwertes erfolgt, wurde bereits in Punkt 3.2.1 ausführlich dargestellt. Auch die Angabe über die Entgeltbestandteile erfolgt als Median. Diese werden mit demselben Schema berechnet. Als Ergebnis in unserem Fallbeispiel von Frau S. ist festzuhalten, dass diese in ihrem Antwortschreiben des Betriebsrates mitgeteilt bekommt, wie ihr Entgelt und das der Fahrer zusammengesetzt ist, das monatliche Bruttoentgelt, die Leistungszulage der Fahrer als Medianwert. Das individuelle Auskunftsanspruch der §§ 10 bis 16 begründet keinen Anspruch auf Entgeltanpassung. Nun obliegt es dem Antragsteller, in diesem Fall Frau S., bei einer gefühlten subjektiven Entgeltungleichheit, weitere arbeitsrechtliche Schritte zu verfolgen.

3.2.2 Berichtspflicht

Arbeitgeber, die mehr als 500 Beschäftigte unter Vertrag haben und nach §§264 und 289 Handelsgesetzbuch (HGB) zur Erstellung eines Lageberichtes verpflichtet sind, müssen einen Bericht zum Stand der Gleichstellung und der Entgeltgleichheit in ihrem Betrieb formulieren. Gemäß § 21 Abs.1 EntgTranspG muss der Bericht, Informationen über die vom Arbeitgeber verwendeten Maßnahmen zur Förderung der Gleichstellung von Frauen und Männern enthalten. Die gezielte Förderung von weiblichen Beschäftigten in Führungspositionen oder AGG Schulungen zu Gleichstellung und Gleichbehandlung gelten zum Beispiel als Maßnahmen. Außerdem muss in dem Bericht ersichtlich werden, wie sich die verwendeten Maßnahmen auswirken. Rechtsanwalt Jörg Gabler beschreibt, dass der Bericht die Bemühungen des Arbeitgebers in der schriftlichen Ausarbeitung gezeigt werden müssen, um die Entgeltungleichheit zwischen Frauen und Männern aufzuheben.[84] Auch hier gelten wieder andere Vorschriften für tarifgebundene und tarifanwendende Unternehmen. Für Arbeitgeber, die tarifgebunden oder tarifanwendend sind, gilt die Erstellung des Berichtes alle fünf Jahre. Alle anderen Arbeitgeber müssen den Bericht zur Gleichstellung und Entgeltgleichheit alle drei Jahre schreiben. Arbeitgeber, die ihren Stand und ihre Maßnahmen nicht veröffentlichen, müssen die Nichteinhaltung begründen.[85] Die Veröffentlichung des Berichtes findet im Bundesanzeiger statt (§21 EntgTranspG). Der Berichtszeitraum ist immer das letzte Kalenderjahr. Die statistischen Angaben im Bericht beziehen sich immer auf das Geschlecht, und werden selektiert nach

a) Durchschnittliche Gesamtzahl der Arbeitnehmer und

b) Durchschnittliche Zahl der Voll- und Teilzeitbeschäftigten

Da es sich bei dem Bericht um keine Jahresabschlussunterlage handelt, sondern um eine schlichte Anlage zum Lagebericht, gelten die entsprechenden Rechtsfolgen und Vorschriften nach dem HGB nicht. Demzufolge hat die Nichtveröffentlichung keine Konsequenzen für den Arbeitgeber. Eine Erzwingung zur Offenlegung im Sinne des §325 HGB mit Hilfe von Bußgeldandrohung gemäß §334 HGB oder die Festsetzung von Ordnungsgeld (§335 HGB) sind wirkungslos. Im Falle eines gerichtlichen Klageverfahrens, läge die Beweislast beim Arbeitgeber. Er müsste dem Gericht glaubhaft machen, dass keine Entgeltbenachteiligung wegen des Geschlechts vorliegt.

3.2.3 Betriebliche Prüfverfahren

Ein weiterer wesentlicher Punkt im neuen Entgelttransparenzgesetz ist das betriebliche Prüfverfahren. Ähnlich wie bei der Betriebspflicht, sind private Arbeitgeber ab einer Arbeitnehmeranzahl von mehr als 500, aufgefordert ein betriebliches Prüfverfahren durchzuführen (§17 Abs. 1 EntgTranspG)[86]. Durch die

---

[84] Vgl. Garben, Jörg: Die Berichtspflicht des Arbeitgebers nach dem Entgelttransparenzgesetz, 01.01.2018

[85] Vgl. Bundesministerium für Familie, Senioren, Frauen und Jugend: Informationen zum Gesetz zur Förderung der Entgelttransparenz, Broschüre (o.D.), S.7

[86] Entgelttransparenzgesetz: §17 Absatz 1 EntgTranspG

Ausführung des betrieblichen Prüfverfahrens, sollen Arbeitgeber einen besseren Überblick über die Entgeltstruktur in ihrem Unternehmen haben. Dadurch kann ermessen werden, ob die angewendeten Verfahren zur Entgeltfindung auch das Entgeltgleichheitsgebot gemäß Entgelttransparenzgesetz erfüllen, ob tatsächlich keine Entgeltbenachteiligung besteht und es soll erkannt werden, ob eventuell Benachteiligungspotenziale vorhanden sind.[87] Die Durchführung von betrieblichen Prüfverfahren dient als Prävention. Arbeitgeber sind verpflichtet, vorbeugende Maßnahmen zur Förderung von Entgeltgleichheit durchzuführen und Benachteiligungen wegen des Geschlechts zu untersagen (§ 6 Abs. 2 EntgTranspG und § 12 Abs. 1 AGG).[88] Durch das Einsetzen von aussagekräftigen Instrumenten wie z.B. Fragebögen, Checklisten, Matrizen oder Statistiken kann geprüft werden, ob das Grundentgelt aller Arbeitnehmerinnen und Arbeitnehmer im Betrieb nach transparenten, diskriminierungs- und benachteiligungsfreien Kriterien bezahlt wird. Das betriebliche Prüfverfahren hat gemäß §18 Absatz 2 aus Bestandsaufnahme, Analyse und Ergebnisbericht zu bestehen. Dabei hat der Arbeitgeber die freie Wahl bei der Entscheidung der angewandten Analysemethoden und Arbeitsbewertungen zur Überprüfung der Entgeltstruktur bzw. Entgeltgleichheit im Betrieb, soweit diese entsprechend den Vorgaben des Entgeltgleichheitsgebots sind. Der Betriebsrat hat ein Mitwirkungsrecht und ist deshalb über das Vorhaben des Arbeitgebers rechtzeitig zu informieren. Der Arbeitgeber muss dem Betriebsrat über die Planung des betrieblichen Prüfverfahrens unterrichten und die dafür erforderlichen Unterlagen vorzeigen.[89] Die Daten für die Bestandsaufnahme sind nach Geschlecht zu sortieren. Es werden jeweils die Entgeltregelungen und deren Geltungsbereiche im Betrieb und Informationen über die angewendeten Verfahren zur einzelnen Entgeltfindung aufgezeichnet. Bei der Erfassung wird nach der Entgeltform selektiert: tarifliche, betriebliche oder individuelle Entgeltregelungen. Bei der Analyse der erfassten Daten findet u.a. eine Überprüfung der ausgeübten Tätigkeit auf Gleichwertigkeit im Sinne des §4 EntgTranspG vor. Betriebe mit tarifvertraglichen Entgeltstrukturen müssen nicht die Tätigkeiten nach Gleichwertigkeit überprüfen,

---

[87] Vgl. Bundesministerium für Familie, Senioren, Frauen und Jugend: Das Entgelttransparenzgesetz- Leitfaden für Arbeitgeber, Betriebs- und Personalräte, Broschüre, Juli 2017, S.58

[88] Entgelttransparenzgesetz: §12 Absatz 1 EntgTranspG Allgemeines Gleichbehandlungsgesetz: §12 Absatz 1 AGG

[89] Vgl. Bundesministerium für Familie, Senioren, Frauen und Jugend: Das Entgelttransparenzgesetz- Leitfaden für Arbeitgeber. Betriebs- und Personalräte, Broschüre Juli 2017, S.59

da diese nach Tarifgruppen vergütet werden, und gleiche Arbeit ausüben. Hierzu sagt der §18 Absatz 3 Satz 4 EntgTranspG folgendes:

„Bei gesetzlichen, bei tarifvertraglichen Entgeltregelungen und bei Entgeltregelungen, die auf einer bindenden Festsetzung nach § 19 Absatz 3 des Heimarbeitsgesetzes beruhen, besteht keine Verpflichtung zur Überprüfung der Gleichwertigkeit von Tätigkeiten."[90]

Nach der Bestandsaufnahme und der Analyse werden die Ergebnisse in einem Bericht zusammengefasst und betriebsintern veröffentlicht (Ergebnisbericht). Bei der Veröffentlichung des Ergebnisberichts gilt der Schutz von personenbezogenen Daten.[91]

Die Antidiskriminierungsstelle des Bundes und das Bundesfrauenministerium bieten verschiedene Instrumente, wie z.B. das Logib-D (Lohngleichheit im Betrieb – Deutschland), EVA-Liste (Evaluierung von Arbeitsbewertungssystemen) oder auch sogenannte Entgeltgleichheits-Check (eg.check) und Gleichbehandlungs-Check (gg.check) an. Der eg.check unterstützt Betriebe bei der Anwendung des betrieblichen Prüfverfahrens, welches den Mindestanforderungen gemäß §§ 17 und 18 EntgTranspG erfüllt. Es sind Leitfäden für Unternehmen und „Werkzeuge" für Betriebe zur Überprüfung von Entgeltgleichheit und Gleichbehandlung im Betrieb. Abbildung 8 wird beim eg.check von der Antidiskriminierungsstelle des Bundes zur Verfügung gestellt. Unternehmen kreuzen an, was sie prüfen wollen und das passende Instrument zur Bestandsaufnahme wird dadurch ausgewählt. So werden laut Antidiskriminierungsstelle des Bundes folgende Fragestellungen zur Entgeltgleichheit dadurch automatisch beantwortet:

1. „Welcher Entgeltbestandteil soll (zunächst) überprüft werden?"[92]

2. „Soll die Regelung zu dem gewählten Entgeltbestandteil geprüft werden, z.B. Tarifvertrag, Betriebs- oder Dienstvereinbarung? Oder soll nur die praktische Umsetzung der Regelung auf den Prüfstand? Vielleicht auch beides?"[93]

---

90 Entgelttransparenzgesetz: §18 Absatz 3 Satz 4 EntgTranspG
91 Vgl. Bundesministerium für Familie, Senioren, Frauen und Jugend: Das Entgelttransparenzgesetz- Leitfaden für Arbeitgeber. Betriebs- und Personalräte, (o.D.) S.60
92 Antidiskriminierungsstelle des Bundes: Schritt für Schritt durch eg.check, (o.D.)
93 Ebd.

3. „Wenn die Entgeltpraxis geprüft werden soll: Soll sich die Prüfung auf einen bestimmten Einzelfall, auf alle Beschäftigten oder auf bestimmte Gruppen der Belegschaft beziehen?"[94]

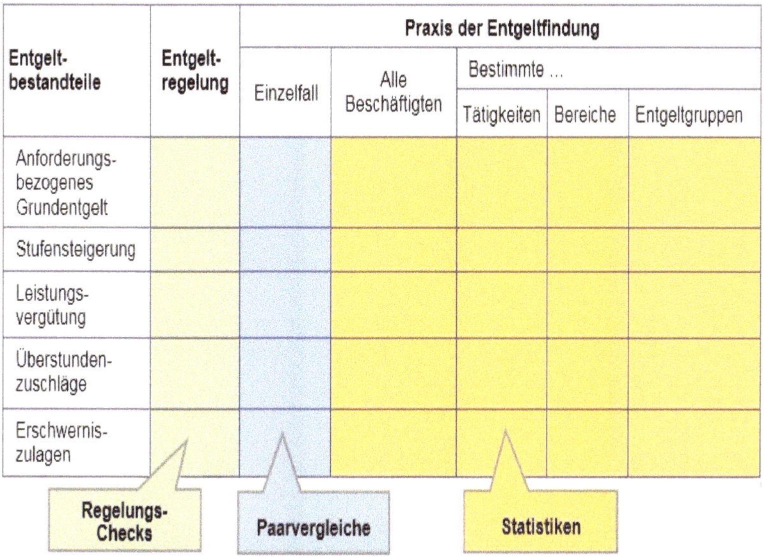

Entgelt-bestandteile	Entgelt-regelung	Praxis der Entgeltfindung				
		Einzelfall	Alle Beschäftigten	Bestimmte ...		
				Tätigkeiten	Bereiche	Entgeltgruppen
Anforderungs-bezogenes Grundentgelt						
Stufensteigerung						
Leistungs-vergütung						
Überstunden-zuschläge						
Erschwernis-zulagen						
Regelungs-Checks		Paarvergleiche		Statistiken		

Abbildung 8 Instrument zur Findung durch eg.check

Mit Logib-D können Betriebe eine geschlechterspezifische Verdienststrukturanalyse durchführen. Für die Durchführung der Verdienstanalyse hat das Logib-D ein Excel Tool. Das Logib-D ist nicht für die Anwendung von betrieblichen Prüfverfahren nach dem Entgelttransparenzgesetz geeignet, die Verdienststrukturanalyse sensibilisiert Personaler und Arbeitgeber auf die Entgeltverteilung von Frauen und Männern in unterschiedlichen Tätigkeitsbereichen und Führungsebenen im Unternehmen. Das Monitor- Entgelttransparenzgesetz ist eine Aktualisierung des Logib-D und bietet Online Tools zur Durchführung der Verdienststrukturanalyse an.

Mit der Anwendung der EVA-Liste können Arbeitgeber einzelne Arbeitsbewertungsverfahren auf Geschlechtsneutralität prüfen. Hierfür werden jeweils entsprechende Fragebögen verwendet und die Arbeitsverfahren bewertet. Am Ende des Verfahrens wird deutlich, in welchen Bereichen dringender Handlungsbedarf vorhanden ist. Welche Arbeitsbewertung diskriminierungsfrei ist und welche nicht.

---

[94] Ebd.

Frau Lillemeier vom BMFSJF betont, dass die EVA-Liste nicht den Mindestanforderungen nach §§17, 18 EntgTransP entspricht und deswegen nicht für betriebliche Prüfverfahren angewendet werden kann.[95] Es „ist ein niedrigschwelliges Instrument, das unkompliziert von verhandelnden Sozialpartnern angewendet werden kann", so kommentiert das Bundesministerium für Familie, Senioren, Frauen und Jugend über die EVA-Liste.[96]

---

[95] Vgl. Lillemeier, Sarah: Der Entgeltgleichheit einen Schritt näher- Die EVA-Liste zur Evaluierung von Arbeitsbewertungsverfahren, Bundesministerium für Familie, Senioren, Jugend und Frauen, Broschüre, Oktober 2018, S.9

[96] Bundesministerium für Familie, Senioren, Frauen und Jugend: Anonymisierte Ergebnisse der Beispielsanalyse ausgewählter Tarifverträge mit der EVA-Liste zur Evaluierung von Arbeitsbewertungsverfahren, April 2014, S.4

4 Auswertung

Nach genauer Analyse des deutschen Entgelttransparenzgesetzes soll in diesem Kapitel der Arbeit die Rechtslage zur Entgeltgleichheit in anderen Ländern ange-schaut werden. Auf Basis des länderübergreifenden Vergleichs soll ggf. eine Hand-lungsempfehlung für das deutsche Entgelttransparenzgesetz abgeleitet werden.

4.1 Rechtslage in anderen Ländern

Es ist festzuhalten, dass europa- und weltweit eine geschlechterspezifische Ent-geltdiskriminierung gegenüber von Frauen vorhanden ist. Dabei wurde auffällig, dass es in den letzten Jahren kaum eine Verbesserung der Entgeltungleichheit zwi-schen Männern und Frauen in westlichen Ländern gab[97]. Deutschland schwankt geringfügig beim GPG seit 1995 bis 2016 zwischen 20% und 23 %. Wie in der Ab-bildung 10 zu erkennen, ist Island an erster Stelle beim internationalen GPG. Die skandinavischen Länder Schweden, Norwegen und Finnland schneiden beim Thema der Entgeltgleichheit auch deutlich besser ab als andere westliche Länder.

The global gender gap index 2017

Abbildung 9 The global gender pay gap 2017

---

[97] Vgl. Hans- Böckler- Stiftung: Entgeltgleichheit 01, 2014, S.2

4.1.1 Island

Wie in der obigen Abbildung 10 zu erkennen, ist Island mit einem Ranking von 0,87 im internationalen Vergleich auf Platz 1 des Gender Pay Gap Rankings. 0,87 entspricht einem Gender Pay Gap von 13%. Auf die Stunde berechnet bedeutet das, dass die Frau 87 Cent bekommt und der Mann 1 Euro. Marinósdóttir, die isländische Gleichstellungsbeauftrage sagt zum GPG, dass das Land schon seit neun Jahren auf weltweiter Spitzenposition bei der Entgeltgleichheit ist.[98]

Island hat im Januar 2018 das „Equal Pay Act" eingeführt. Das Gesetz schreibt ausdrücklich gleiches Entgelt für gleichwertige Tätigkeiten vor. Demnach müssen betroffene Frauen nicht erst herausfinden, wie viel der männliche Kollege verdient, ob sie tatsächlich weniger gezahlt werden. Stattdessen verpflichtet sich der Arbeitgeber Nachweise für eine faire Bezahlung zu dokumentieren. Somit sind sowohl private als auch staatliche Unternehmen mit 25 oder mehr Berufstätigen zu einer staatlichen Zertifizierungspflicht gezwungen.[99] Die Prüfung erfolgt durch eine staatliche Zertifizierungsstelle, die Centre for Gender Equality of Iceland.[100] Es wird geprüft, ob das betriebliche Entgeltsystem einen staatlich festgelegten Standard entspricht. Unternehmen, die ein Zertifikat erhalten haben, werden in einem öffentlichen Register aufgelistet.[101] Das Zertifikat muss alle drei Jahre erneuert werden.[102] Schon seit 2012 konnten Unternehmen freiwillig dieses Zertifikat zur gerechten und gleichen Bezahlung erwerben. Durch die eingeführte Gesetzesregelung ist es nun verpflichtend geworden für isländische Unternehmen.[103] Unternehmen, die wegen fehlender oder mangelnder Entgeltgleichheitssysteme bei der Zertifizierungsstelle durchfallen und kein Zertifikat erhalten, werden zur Abhilfe aufgefordert. Bei nicht Einhaltung der Frist zur Verbesserung des Entgeltgleichheitssystems, können Geldbußen die Konsequenz für betroffene Unternehmen sein. Es

---

[98] Marinósdóttir, Magnea, This is why Iceland ranks first for gender equality" World Economic Forum, 01 Nov 2017

[99] Vgl. Antidiskriminierungsstelle des Bundes: „Gleiche Arbeit, ungleicher Lohn – Zahlen und Fakten zu Entgeltungleichheit in Deutschland und Europa" März 2018, S.22

[100] Vgl. Deutscher Bundestag: „Gesetz zur Entgeltgerechtigkeit zwischen Männern und Frauen in Island" 2017, S.5

[101] Vgl. Antidiskriminierungsstelle des Bundes, „Gleiche Arbeit, ungleicher Lohn – Zahlen und Fakten zu Entgeltungleichheit in Deutschland und Europa" März 2018, S.22

[102] Vgl. Deutscher Bundestag: „Gesetz zur Entgeltgerechtigkeit zwischen Männern und Frauen in Island" 2017, S.5

[103] Vgl. Der Spiegel: „Island verbietet ungleiche Löhne von Männern und Frauen", Donnerstag 04.01.2017

können Geldstrafen von bis zu 50.000 ISK, umgerechnet 362 Euro pro Tag verhängt werden.[104] Durch diese Maßnahmen wird sowohl sozialer als auch finanzieller Druck auf Unternehmen ausgeübt, welche eine geschlechtergerechte Entlohnung gewährleistet.[105]

Um eine Gehaltsbenachteiligung zu verhindern, müssen durch die Neuregelung die Dauer von Ausbildung und Qualifikation verglichen werden. „Das heißt zum Beispiel, dass Kindergärtnerinnen nicht weniger verdienen dürfen als ein Chauffeur, der bei der gleichen Gemeinde angestellt ist und der mit dem Lastwagen Sand bringt für den Spielplatz." sagt Maríanna Traustadóttir in einer Rede zum neuen Gesetz.[106]

Der Journalist Ben Chapman berichtet in seinem Artikel, dass der Hintergrund des Gesetzes eine Demonstration im Oktober 2016 war. An dem Tag verließen tausende weibliche Berufstätige um 14:38 ihren Arbeitsplatz um gegen Entgeltungleichheit zu protestieren. Gewerkschaften teilten mit, dass Frauen im Vergleich zu Männern an einem Acht-Stunden-Arbeitstag nach 14:38 nicht mehr bezahlt würden. Das war der Auslöser. Recherchen ergaben tatsächlich, dass berufstätige Frauen weniger als ihre männlichen Kollegen verdienten. Die Lohndifferenz lag zwischen 14 % und 18%.[107]

Durch Einführung des „Equal Pay Act" soll die Lohnlücke bis 2022 vollständig beseitigt werden.[108]

4.1.2 Schweden

In Schweden gibt es seit 1980 ein Chancengleichheitsgesetz (Equal Opportunities Act), welches Entgeltdiskriminierung untersagt.[109] Dieses Gesetz wurde im Jahr 1994 überarbeitet und nun ist in den schwedischen Gesetzen als „Discrimination

---

[104] 138,2963 =1 Euro Kurs nach der Börse 15.01.2019

[105] Vgl. Der Spiegel: „Island verbietet ungleiche Löhne von Männern und Frauen", Donnerstag 04.01.2017

[106] Vgl. Chapman, Ben: „International Women's Day 2017: Iceland becomes first country in the world to make firms prove equal pay", Wednesday 8 March 2017

[108] Vgl. Rentzsch, Felix: „Radikales Gesetz: Island zwingt Firmen schon bald dazu, Männer und Frauen gleich zu bezahlten" 2017

[109] Vgl. International Labor Organization: Sweden: Equal Opportunities Act

Act" zu finden. Dieses verbietet die Ungleichbehandlung von Männern und Frauen in der Berufswelt.[110]

Ähnlich wie in Island, müssen Unternehmen mit mehr als 25 Beschäftigten einen Lagebericht ausarbeiten. Der Lagebericht muss alle drei Jahre ausgearbeitet werden. Inhaltlich befasst sich der Lagebericht neben der Diskriminierung von Beschäftigen wegen ihrer Religion, Herkunft, Weltanschauung oder sexuellen Orientierung ebenso mit Geschlechtergerechtigkeit. Ziel ist es, zu prüfen, ob für die gleiche Arbeit gleicher Lohn gezahlt wird. Hierfür müssen die Unternehmen Entgeltunterschiede zwischen Männern und Frauen in vergleichbaren Stellen dokumentieren. In Positionen innerhalb des Betriebes, in denen die Anzahl der beschäftigten Frauen höher ist, müssen die Entgeltunterschiede zum Rest des Unternehmens aufgezeichnet werden. Außerdem muss der Bericht eine Beschreibung zur Methode der Gehaltsbemessung enthalten.[111]

„Die Unternehmensleitungen sind verpflichtet, geschlechtsspezifische Entgeltungleichheit in ihrer Gesamtheit aufzuschlüsseln."[112] Nach Erfassung und Aufschlüsselung der Entgeltungleichheit im Betrieb, erfolgt ein Handlungsplan in dem finanzielle sowie zeitliche Einschätzungen zum Erreichen der Gehaltsanpassung aufgelistet werden.[113] „Im Falle einer Nichteinhaltung gesetzlicher Vorgaben soll nun von einer dafür eingesetzten Kommission auch über im Einzelnen nicht näher genannte Sanktionen entschieden werden."[114]

In Schweden wird grundsätzlich mit dem Thema Transparenz und Datenschutz anders umgegangen, als in Deutschland. Schon seit 1766 gilt das Öffentlichkeitsprinzip, was besagt, „dass staatliches Handeln nicht hinter verschlossen Türen

---

[110] Vgl. Antidiskriminierungsstelle des Bundes „Gleiche Arbeit, ungleicher Lohn – Zahlen und Fakten zu Entgeltungleichheit in Deutschland und Europa". März 2018, S.26

[111] Vgl. Antidiskriminierungsstelle des Bundes „Gesetzgebung zur Entgeltgleichheit im internationalen Vergleich". 2015, S.7

[112] Antidiskriminierungsstelle des Bundes „Gleiche Arbeit, ungleicher Lohn – Zahlen und Fakten zu Entgeltungleichheit in Deutschland und Europa". März 2018, S.26

[113] Vgl. Antidiskriminierungsstelle des Bundes „Gesetzgebung zur Entgeltgleichheit im internationalen Vergleich". 2015, S.7

[114] Antidiskriminierungsstelle des Bundes „Gleiche Arbeit, ungleicher Lohn – Zahlen und Fakten zu Entgeltungleichheit in Deutschland und Europa". März 2018, S.26

stattfinden darf"[115]. Jeder Bürger hat das Recht in behördliche Akten und Dokumente Einsicht zu nehmen.[116]

Seit 1903 erscheint in Schweden jährlich der „Besteuerungskalender" das sogenannte „Taxeringskalender". Der Kalender bezieht sich immer auf die Steuererklärung des Vorjahres und ist nach Bundesland und Postleitzahl sortiert und kann für ca. 28 Euro gekauft werden.[117] In dem Taxeringskalender sind Lohn und Kapitaleinkünfte aller Schweden ersichtlich. Sensible Informationen wie ethnische Herkunft, politische Einstellung oder Angaben zur Gesundheit und sexuellen Orientierung unterliegen nicht dem Auskunftsrecht.[118]

Die „Equality Ombuds", eine staatliche Antidiskriminierungsbehörde führte zwischen 2006 und 2008 eine Inspektion durch. Für die Inspektion wurden die größten schwedischen Unternehmen und öffentlichen Einrichtungen von Beauftragten unternehmensintern analysiert. Diese ausgewählten Unternehmen, fast 600 Stück, deckten etwa 20 % des schwedischen Arbeitsmarktes ab. Im Zuge der durchgeführten Kontrolle gab es Gehaltsanpassungen in einer Gesamthöhe von 8 Millionen Euro. Die Anzahl der betroffenen Erwerbstätigen war zwischen 5200 und 5800, davon waren mehr als 80 Prozent Frauen.[119] Auch im Jahr 2012 erfolgte eine erneute Prüfung durch die schwedische Antidiskriminierungsbehörde Equality Ombuds. Im Rahmen der Untersuchung wurden die gesetzlich vorgeschriebenen Aktionspläne von mehreren schwedischen Unternehmen umgesetzt.

4.1.3 Vereinigten Staaten

Auch im amerikanischen Gesetz ist ein Grundsatz der Gleichbehandlung von Männern und Frauen fest verankert: Der Equal Pay Act. Das Gesetz wurde 1963 durch John F. Kennedy unterzeichnet und ähnelt dem deutschen Allgemeinen Gleichbehandlungsgesetz und untersagt die Diskriminierung und Benachteiligung aufgrund des Geschlechts.[120] Ein Jahr später wurde das „Civil Right Act" eingeführt. Die zuständige Behörde für die Umsetzung bzw. Durchsetzung des Gesetzes ist die U.S.

---

[115] Zitiert nach: Schulz, Susanne: „Jeder kennt den Lohn des anderen". Die Zeit, 22. Februar 2008
[116] Vgl. Public Access to Information and Secrecy Act, (o. D.). S.7
[117] Vgl. Taxeringskalender
[118] Vgl. activeMind.legal "Wichtige Gesetze für den Datenschutz in Schweden" (o.D.)
[119] Vgl. Antidiskriminierungsstelle des Bundes: Gleiche Arbeit, gleicher Lohn? Zahlen und Fakten zu Entgeltungleichheit in Deutschland und Europa. März 2018, S.26
[120] Vgl. U.S. Equal Employment Opportunity Commission: Employees and Job Applications (o.D.)

Equal Employment Opportinity Commission(EEOC). Durch die Gesetzesänderungen wurden Frauen die gleichen Rechte wie ihren männlichen Arbeitskollegen zugesichert. Frauen und Männer, die beim selben Arbeitgeber beschäftigt sind und gleichwertige Arbeit ausüben, müssen das gleiche Entgelt erhalten.[121] Mit gleichwertiger Arbeit ist nicht die Arbeitsstelle gemeint, sondern der Arbeitsinhalt: gleiche Arbeitszeiten, Anstrengungen, Kompetenzen usw. Durch das „Equal Pay Act" sind alle Formen der Bezahlung abgedeckt, einschließlich Gehalt, Überstundenlohn, Boni, Aktienoptionen, Gewinnbeteiligungen, Bonuspläne, Lebensversicherung, Urlaubsgeld, Reinigungs- oder Benzinzulage, Hotelübernachtungen, Erstattung von Reisekosten etc.[122] Wenn es dennoch Gehaltsdifferenzen zwischen Männern und Frauen im selben Betrieb, bei gleichwertiger Arbeit geben sollte, ist der Arbeitgeber verpflichtet, entsprechende Gründe nachzuweisen.[123] Ähnlich wie in der Bundesrepublik Deutschland blieb der gewünschte Erfolg und die Durchsetzung des gleichen Entgelts für Männer und Frauen bisher aus. Auch die USA haben hinsichtlich des GPG Verbesserungsbedarf. In dem Ranking des globalen GPG 2016 befinden sich die Vereinigten Staaten mit 28 % ganz weit unten.

---

[121] Vgl. U.S. Equal Employment Opportunity Commission: Equal Pay/Compensation Discrimination (o.D.)

[122] Vgl. U.S. Equal Employment Opportunity Commission: Equal Pay/Compensation Discrimination (o.D.)

[123] Vgl. U.S. Equal Employment Opportunity Commission: Employees and Job Applications (o.D.)

4.2 Verbesserungsvorschläge zum deutschen Entgelttransparenzgesetz

Beschäftigungsanteile 2016
nach Unternehmensgrößenklassen in %

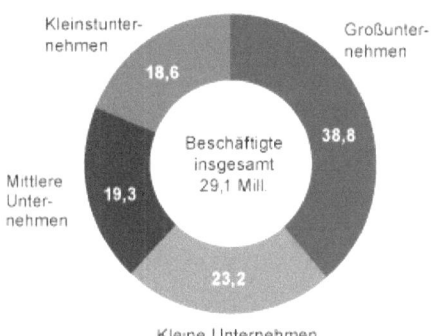

© l. Statistisches Bundesamt (Destatis), 2018

Abbildung 10 Beschäftigungsanteile 2016 in Prozent

Das Gesetz zur Förderung von Entgeltgleichheit zwischen Frauen und Männer betrifft Unternehmen mit mindestens 200 Beschäftigten. Der Schwellenwert des Gesetzes liegt bei 200 bis 500 Beschäftigten. Der individuelle Auskunftsanspruch gilt für Beschäftigte, die in einem Betrieb angestellt sind, der mindestens 200 Angestellte hat. Fraglich ist, ob diese Beschäftigtenanzahl von 200 gerecht ist. Hierfür sollten die Beschäftigungsgrößenklassen der Unternehmen in Deutschland zunächst in Betracht gezogen werden. Aus der nebenstehenden Abbildung 11 und der untenstehenden Abbildung 12 ist zu entnehmen, dass die Bundesrepublik Deutschland überwiegend kleine und mittelständische Unternehmen (KMU) besitzt. Zum Zeitpunkt der Statistik gab es in Deutschland rund 3,5 Millionen Unternehmen. Die Beschäftigtenanzahl bezieht sich nur auf sozialversicherungspflichtige Beschäftigte. Das Ergebnis zeigt, dass 3,1 Millionen Unternehmen grad mal 0 bis 9 sozialversicherungspflichte Personen beschäftigen. Hier handelt es sich um Kleinbetriebe, die ca. 88% der Unternehmensanzahl nach Beschäftigtengrößenklassen ausmachen. Und nur 14630 Tausend Unternehmen in Deutschland weisen mehr als 250 Beschäftigte aus. Auch die Anzahl der Beschäftigten in mittleren Unternehmen mit 50 bis 249 sozialversicherungspflichtige Beschäftigte, hält sich im Vergleich zur Gesamtanzahl eher gering mit 62335 Tausend. Abbildung 11 verdeutlicht nochmals die prozentuale Verteilung der Unternehmen. Insgesamt gab es im Erhebungszeitraum 3,5 Millionen Unternehmen, davon waren 99,3 % KMU. 61%

der erwerbstätigen Personen in Deutschland sind in KMU beschäftigt.[124] Die Statistiken des Bundesamtes zeigen, dass die Reichweite des Gesetzes begrenzt ist. So schreibt Froderman vom Institut für Arbeitsmarkt und Berufsforschung, dass „lediglich 0,7 Prozent aller Betriebe und 32 Prozent aller Beschäftigten von dem im Entgelttransparenzgesetz geschaffenen Instrument individueller Auskunftsanspruch erfasst werden".[125] Folglich ergibt sich, dass die betriebliche Prüfung der Entgeltstrukturen, die für Betriebe mit mehr als 500 Beschäftigte gilt, noch weniger Betriebe betrifft.

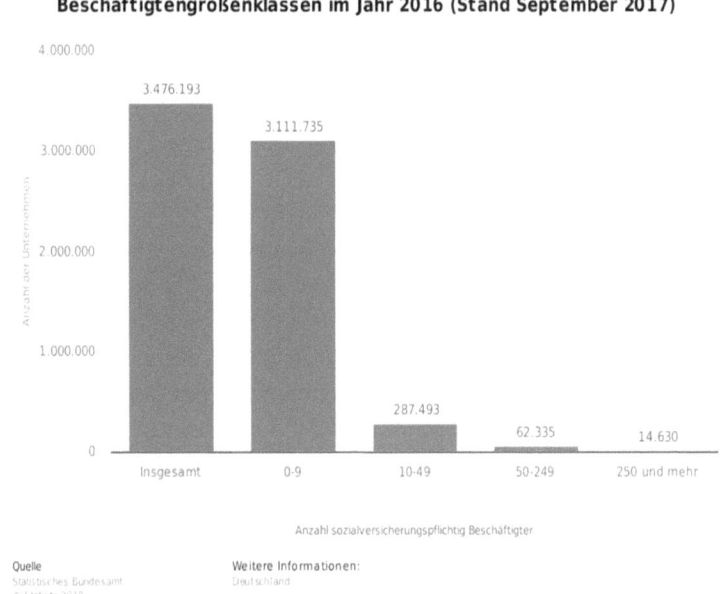

Abbildung 11 Anzahl der Unternehmen in Deutschland 2016

Die Bundesrepublik Deutschland sollte genau an diesem Punkt ansetzen. Der individuelle Auskunftsanspruch sollte auch für Beschäftigte in Kleinbetrieben möglich sein. Für Frauen, die in kleinen oder mittleren Betrieben arbeiten, ändert sich

---

124 Vgl. Statistisches Bundesamt: Kleine & mittlere Unternehmen, Mittelstand
125 Frodermann, Corina: Entgeltgleichheit zwischen Frauen und Männern in mittleren und großen Betrieben, S.4, 03.2018

durch die Einführung des Entgelttransparenzgesetzes vorerst nichts. Zudem ist die Voraussetzung für die Ermittlung des Vergleichsentgelts auch eine Hürde. Mindestens sechs Kollegen, die eine gleiche oder gleichwertige Arbeit im Sinne des §4 EntgTransp ausüben, ist für Frauen in kleinen und mittleren Betrieben fast unmöglich. Außerdem liegt der Fokus des Entgelttransparenzgesetz mehr auf tarifgebundene und tarifanwendende Unternehmungen. Wie bereits in Kapitel 1.1 dieser Bachelorarbeit erwähnt, arbeiten Frauen häufiger in Teilzeit und haben oft Arbeitsplätze in kleineren Unternehmen, die nicht tarifgebunden sind oder die teilweise auch weniger Lohn zahlen als Großunternehmen.[126]

Einer Umfrage der Beratungsfirma Ernst & Young (EY) zufolge, beträgt der Anteil weiblicher Führungskräfte im Mittelstand 18%, d.h. in jedem fünften Unternehmen sitzt eine Frau in der Führungsebene.[127] „So kommen DAX-Unternehmen lediglich auf 11 %. Unternehmen des SDAX (6 %), MDAX und TecDAX (je 4 %) unterbieten die Anteile noch einmal deutlich."[128] Es ist zwar ein Anstieg der Frauenquote in Führungspositionen zu erkennen, aber dennoch besteht Handlungsbedarf um die Gleichstellung zu verbessern. Nach einem Bericht der europäischen Kommission verdienen „jene Frauen in Führungspositionen in der EU im Schnitt 23,4 % weniger verdienen als Männer. Weibliche Führungskräfte verdienen durchschnittlich 77 Cent für jeden Euro, den männliche Führungskräfte pro Stunde bekommen".[129] So kommentiert Hasbargen, „Frauen sind in deutschen Vorständen aber immer noch eine Seltenheit, Wir sehen zwar Fortschritte - aber der Wandel vollzieht sich sehr langsam".[130] Bei der Thematik „Frauen in Führungspositionen" werden in der Forschung zwei Kennzahlen differenziert: der prozentuale Anteil von Frauen in Führungspositionen und der prozentuale Anteil der Unternehmen, die mindestens eine weibliche Führungskraft in der oberen Unternehmenshierarchie aufweisen.[131] Auf die letztere Kennzahl bezogen, berichtet die EY in einer Studie folgende Verteilung: 65% Mittelstand, 57% DAX, 20% SDAX, 16% MDAX und 13% TecDAX.[132] Auch die europäische Kommission berichtet in einem Artikel zum Equal Pay Day, dass das Top Management eine Männerdomäne von 65% aufweist. Anders sähe der

---

[126] Vgl. Antidiskriminierungsstelle des Bundes: Entgeltgleichheit Glossar (o.D.)

[127] Vgl. EY: Frauen im Topmanagement im deutschen Mittelstand, 2017

[128] Schmitz, Julian: Mehr Frauen im Mittelstand, 08.03.2018

[129] Europäische Kommission: Frauen in Führungsposition, 2019

[130] Zitiert nach: Hasbargen, Ulrike, EY-Expertin.

[131] Vgl. Catalyst Census (2009), S. 1

[132] Vgl. EY: Frauen im Topmanagement im deutschen Mittelstand, 2017

Frauenanteil in Vorständen und Aufsichtsräten in Finnland aus. Der skandinavische Spitzenreiter weist einen prozentualen Wert von 53% Frauenanteil in der oberen Hierarchieebene auf. Deutschland liegt mit 11% im europäischen Vergleich hinten.

Einer Gehaltsumfrage der Online Jobbörse „StepStone" zu folge, zahlen KMU im Vergleich zu Großunternehmen deutlich weniger Entgelt. Große Unternehmen mit mindestens 1000 Beschäftigten zahlen überdurchschnittliche Entgelte. In Deutschland liegt das Entgelt in großen Unternehmen 15 % über dem Entgelt einer durchschnittlichen Arbeitskraft. Der direkte Vergleich verdeutlicht: Arbeitnehmer, die in einem Betrieb mit weniger als 500 Beschäftigten arbeiten, verdienen im Schnitt 32 % weniger als Arbeitnehmer, die in einem großen Unternehmen angestellt sind.[133] Als Beispiel verdienen Ingenieure in kleinen oder mittleren Unternehmen (<500 Beschäftigte) ca. 25 % weniger Entgelt als Ingenieure in Großunternehmen (>500 Beschäftigte).[134] Die Abbildung 13 ist aus dem Gehaltsreport 2018 von StepStone entnommen und verdeutlicht nochmal den Gehaltsunterschied nach Unternehmensgrößen in Deutschland.

Die Größe des GPG ist Betriebsgrößen abhängig. So variiert laut einem Report der Hans – Böckler - Stiftung die Entgeltlücke je nach Betriebsgröße. Die Stiftung berichtet in kleinen Betrieben mit 50 bis 200 Mitarbeitern ist der GPG bei 20%, in Betrieben mit 50 bis 200 Beschäftigten ist er am höchsten mit einem Wert von 28% Entgeltlücke. Begründet werden diese unterschiedlichen Werte mit steigenden Stundenlöhnen von Männern und gleichbleibenden Stundenlöhnen von Frauen in großen Betrieben.[135] So erklärt Frodermann „In großen Betrieben lassen sich mehr als zwei Drittel des Gender Pay Gap durch die Unterschiede in der Ausstattung von Männern und Frauen erklären, in kleinen Betrieben lässt sich dadurch nur die Hälfte erklären".[136]

Die betriebliche Prüfung der Entgeltstrukturen im Unternehmen und die darauf knüpfende Berichtspflicht sollte nicht empfohlen werden, sondern verpflichtend gemacht werden. Dazu sollte die Grenze für die Durchführung des individuellen

---

[133] Vgl. StepStone: Der Gehaltsreport 2018.

[134] Vgl. StepStone: Großkonzern oder Mittelstand? 06.08.2017

[135] Vgl. Baumann, Helge: Entgeltgleichheit von Frauen und Männern- Wie wird das Entgelttransparenzgesetz in Betrieben umgesetzt? S. 3

[136] Frodermann, Corina: Entgeltgleichheit zwischen Frauen und Männern in mittleren und großen Betrieben, 03/2018, S.4

Auskunftsanspruch gesenkt werden, sodass der Anspruch auch für Beschäftigte in Kleinbetrieben ebenfalls möglich ist. Ähnlich wie in Schweden, sollte eine Behörde beauftragt werden, welche die Unternehmen auf Gleichbehandlung und Entgeltgleichheit kontrolliert. Die Antidiskriminierungsstelle des Bundes könnte z.B. die Überwachung der Betriebspflicht und der betrieblichen Prüfung übernehmen. Für Unternehmen, die sich nicht an die Vorschriften halten, sollten Sanktionen verhängt werden. Dies würde sowohl einen sozialen, als auch einen finanziellen Druck ausüben. Im Entgelttransparenzgesetz sind bislang keine Rechtsfolgen vorhanden.

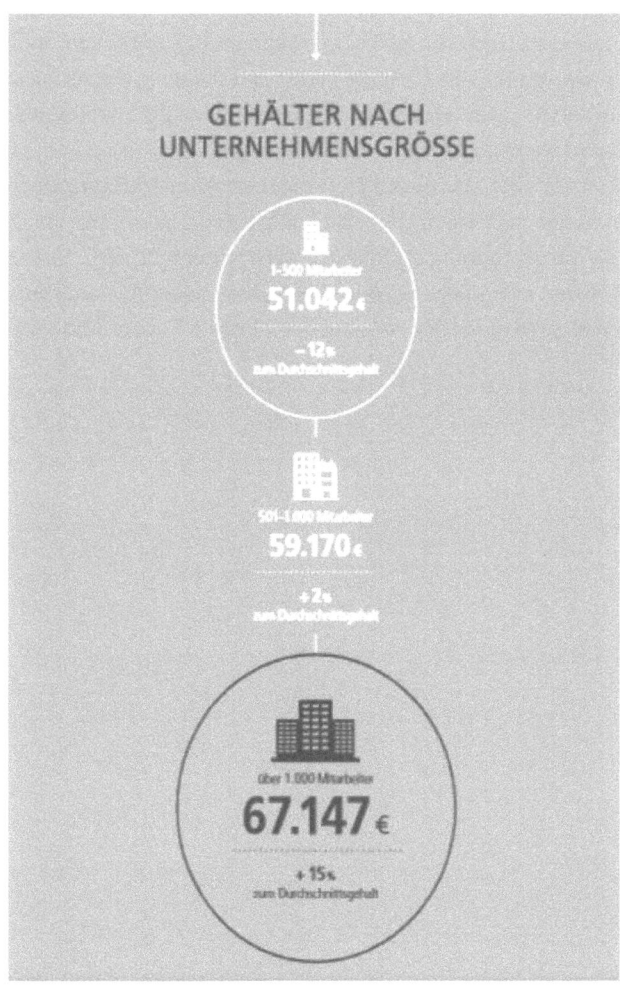

Abbildung 12 Gehälter nach Unternehmensgröße 2018

Als Vorbild zur Entgelttransparenz sollte Island gelten, die wie bereits in Kapitel 4.1.1 dieser Abschlussarbeit erfahren, auf der globalen Rangliste des Gender Pay Gaps auf Platz eins stehen. Auch Schweden, die mit Platz fünf deutlich besser abschneiden als Deutschland, sollte als Beispiel genommen werden. In beiden Ländern ist die Betriebspflicht gesetzlich vorgeschrieben. Dabei müssen die Betriebe nur eine Beschäftigtenzahl von mindestens 25 aufweisen. Außerdem werden dort keine Vergleichsgruppen von mindestens sechs Personen vorgeschrieben. Deshalb sollte jedem Beschäftigten die Möglichkeit gestattet werden, ihr Entgelt überprüfen lassen zu können, auch wenn keine sechs Vergleichspersonen des anderen Geschlechts mit Vergleichstätigkeit im Betrieb vorhanden sind. Außerdem sollten Arbeitnehmer ein Wahlrecht haben. Es sollte in der Entscheidung der Arbeitnehmer liegen, wer ihr Auskunftsanspruch beantworten soll. Es ist nicht verständlich, warum das Gesetz von Anfang an den Sprecherausschuss als Ansprechpartner für das Auskunftsersuchen festlegte, auch wenn diese die Interessenvertretung der Arbeitnehmer repräsentieren. Außerdem ist es auch nicht verständlich, warum die Eingruppierung in die Tarifvergütung als Indiz für diskriminierungsfreie Entgeltregelungen sein soll. Jeder Arbeitnehmer, der vom individuellen Auskunftsanspruch geltend machen will, sollte auch den Arbeitgeber persönlich ansprechen können.

5 Abschlussbetrachtung

Das Gesetz in der Form, so wie es heute vorliegt, ist unter Betrachtung des Gebotes gleiches Entgelt für gleiche Arbeit, lediglich eine Grundlage um weitere rechtliche Schritte einzuleiten. Das Praxisbeispiel von Frau S. im Kapitel 3.2.1 hat verdeutlicht, dass der individuelle Auskunftsanspruch zum einen mit relativ viel Aufwand und Arbeit für beide Parteien verbunden ist und zum anderen als Resultat es nur bei der Auskunft bleibt. Denn die Untersuchung hat ergeben, dass das EntgTranspG nur eine Auskunft über Entgelte gewährt, jedoch keine Entgeltanpassung bei ungleicher Bezahlung bei gleicher Arbeit. Dieses wird im EntgTranspG nicht thematisiert und missachtet. Es sind keine eindeutigen Rechtsfolgen bei Nichteinhaltung genannt und es sind keine Sanktionen vorhanden. So liegt es in der Entscheidung der Arbeitnehmer, ob sie bei ungleicher Bezahlung das Gespräch mit Verantwortlichen suchen, welches mit emotionaler Überwindung verbunden ist und zugleich Mut bedeutet, oder ob sie andere rechtliche Wege einleiten und es beim Arbeitsgericht wegen Lohndiskriminierung einklagen.

Die Entgeltungleichheit zwischen Männern und Frauen ist auf die vergangenen Gesellschaftsbilder und der klassischen Geschlechterverteilung zu knüpfen. Denn wie bereits in Kapitel 2.1.2 erfahren, waren „Geschlechterabschläge" betriebliche und gesetzliche Realität. Obwohl diese Klausel im Jahre 1955 vom BAG für rechtswidrig erklärt wurde, wurde diese weiterhin gesellschaftlich als auch gesetzlich zumindest geduldet. Die skandinavischen Länder, in denen ähnliche Arbeitsweltrealitäten vorhanden sind, sind viel früher und wirkungsvoller mit dem Thema Entgeltungleichheit angegangen. Dort greift der Gesetzgeber massiv in Unternehmen ein, der Staat sanktioniert und verdonnert zu Geldstrafen, wie in Kapitel 4.2.1 erfahren.

Arbeitnehmer, insbesondere Frauen werden sich aufgrund des GPG im ersten Augenblick durch das Gesetz im Hinblick auf die Durchsetzung der Entgeltgleichheit gestärkt fühlen, da es im Ansatz vielversprechend klingt. Allerdings wird nach einer gründlichen Betrachtung und der damit verbundenen Bewertung des EntgTranspG deutlich, dass diese Euphorie nicht bestehen bleibt. Denn das EntgTranspG schließt pauschal aktuell 88% aller Betriebe aus. Denn die Anwendung setzt eine Betriebsgröße von mindestens 200 Mitarbeitern voraus. Im Hinblick auf den GPG, führt diese Regelung dazu, dass 60% aller weiblichen Beschäftigten nicht von diesem Gesetz und dem individuellen Auskunftsanspruch profitieren können. Die Frage nach dem „Warum liegt die Grenze bei einer Betriebsgröße von mindestens 200 Mitarbeitern?" ist hier berechtigt. Eine Anfrage meinerseits an das Bundesministerium für Familie, Senioren, Jugend und Frauen mit eben dieser Frage, ist bis zum Abgabetermin unbeantwortet geblieben. Außerdem ist die Regelung mit mindestens sechs Vergleichspersonen aus der Vergleichstätigkeit, ebenso eine große Hürde für Auskunft ersuchende Arbeitnehmer. Zugleich kann dieser Aspekt der Vergleichsgruppe auch zu innerbetrieblichen Unruhen führen und dadurch das Betriebsklima verschlechtern, wenn die Entgeltlücke durch die Vergleichsgruppe für den Antragsteller negativ ausfällt. Arbeitgeber müssen in solchen Fällen auf unbequeme Situationen und Fragen vorbereiten und für sich selbst entscheiden, wie sie das Betriebsklima aufrecht halten.

Letztendlich ist festzuhalten, dass das selbst formuliere Ziel in § 1 EntgTranspG in dieser Form nicht erreicht wird. Unter all diesen Aspekten ist die in § 1 EntgTranspG genannte Durchsetzung des Gebotes des gleichen Entgelts für Männer und Frauen bei gleicher Arbeit nicht gegeben. Auch hier muss nochmals erwähnt werden, dass das EntgTranspG keine Entgeltanpassung vorsieht, es lediglich eine Grundlage für weitere Schritte sein kann. Für die Durchsetzung des Gebotes des gleichen Entgelts für gleiche Arbeit sind völlig andere Gesetze relevant. Einleitend wurde das Beispiel der Reporterin Brite Meier vorgestellt. Es verdeutlich, wie schwer es jedoch ist „gleicher Lohn für gleiche Arbeit" zu erhalten, auch wenn erdrückende Beweise vorhanden sind, reichen diese in diesem Fall nicht aus. Es gibt erheblichen Verbesserungsbedarf im aktuellen EntgTranspG. Einige Verbesserungsvorschläge wurden ebenfalls in Kapitel 4.2 aus Ländervergleichen vorgestellt und abgeleitet. Abschließend lässt sich nur hoffen, dass Frauen sich weiter und vehementer gegen diese Ungerechtigkeit wehren und dass die Politik vor allem in diesen Tagen, in denen wieder vergangene Frauenbilder beworben werden, Standhaftigkeit, Zielstrebigkeit und vor allem Mut gegenüber einer anscheinend von Männern dominierten Wirtschaftslobby zeigen.

Literaturverzeichnis

activeMind.legal, o. Datum. „Wichtige Gesetze für den Datenschutz in Schweden" <https://www.activemind.legal/de/law/se-wichtige-gesetze/> (16.01.2019)

An der Heiden, Iris, Wersig, Maria: "Preisdifferenzierung nach Geschlecht in Deutschland" – Forschungsbericht, Antidiskriminierungsstelle des Bundes, 16.01.2018 <http://www.antidiskriminierungsstelle.de/SharedDocs/Downloads/DE/publikationen/Expertisen/Expertise_Preisdifferenzierung_nach_Geschlecht.html>(02.02.2019)

Antidiskriminierungsstelle des Bundes: „Benachteiligung/ Diskriminierung" Glossar <http://www.antidiskriminierungsstelle.de/SharedDocs/Glossar_Entgeltgleichheit/DE/01_Benachteiligung_Diskriminierung.html>(10.01.2019)

Antidiskriminierungsstelle des Bundes, o. Datum: Entgeltgleichheit: Ein Glossar <http://www.antidiskriminierungsstelle.de/DE/ThemenUndForschung/Projekte/Entgeltgleichheit/Glossar/Glossar_node.html> (25.12.2018)

Antidiskriminierungsstelle des Bundes, o. Datum: Entgeltgleichheit: Häufig gestellte Fragen. <http://www.antidiskriminierungsstelle.de/DE/ThemenUndForschung/Projekte/Entgeltgleichheit/FAQ/faq_node.html> (22.12.2018)

Antidiskriminierungsstelle des Bundes: Gesetzgebung zur Entgeltgleichheit im internationalen Vergleich, 19.03.2015 <http://www.antidiskriminierungsstelle.de/SharedDocs/Downloads/DE/publikationen/Entgelt_UN_Gleichheit/Entgeltgleichheit_int_Vergleich.pdf?_blob=publicationFile&v=2> (28.12.2018)

Antidiskriminierungsstelle des Bundes: Gleiche Arbeit, ungleicher Lohn – Zahlen und Fakten zu Entgeltungleichheit in Deutschland und Europa. März 2018. <http://www.antidiskriminierungsstelle.de/SharedDocs/Downloads/DE/publikationen/Entgelt_UN_Gleichheit/Faktensammlung_Entgeltungleichheit.pdf?_blob=publicationFile&v=4>(02.01.2019)

Baumann, Helge: Entgeltgleichheit von Frauen und Männern - Wie wird das Entgelttransparenzgesetz in Betrieben umgesetzt, Ein Auswertung der WSI Betriebsbefragung, Report Nr.45, Januar 2019

Bischoff, Sonja: Wer führt in (die) Zukunft? Männer und Frauen in Führungspositionen der Wirtschaft in Deutschland – die 5. Studie, von der Deutschen Gesellschaft für Personalführung e.V., Bielefeld, 2010.

Bundesministerium für Familie, Senioren, Frauen und Jugend: Gleicher Lohn für gleiche Arbeit- Gesetz für mehr Lohngerechtigkeit tritt in Kraft, 06.07.2017 <https://www.bmfsfj.de/bmfsfj/aktuelles/alle-meldungen/gesetz-fuer-mehr-lohngerechtigkeit-tritt-in-kraft/113440> (15.01.2019)

Bundesministerium für Famile, Senioren, Frauen und Jugend: Gleicher Lohn= Gleiche Arbeit? 15.10.2018. <https://www.bmfsfj.de/blob/129798/56b42bd65013a2f51bd96531e5f 6a26b/20181016-betriebliche-lohngerechtigkeit-flyer-data.pdf>(15.01.2019)

Bundesministerium für Familie, Senioren, Frauen und Jugend: Entgeltungleichheit zwischen Frauen und Männern in Deutschland (Dossier), Juni 2009 <https://www.bmfsfj.de/blob/93658/c1757c72aacc7f34f2d0e96d5414a ee2/entgeltungleichheit-dossier-data.pdf>(02.01.2019)

Bundesministerium für Familie, Senioren, Frauen und Jugend: Über Geld spricht man nicht: Das Entgelttransparenzgesetz – Ein Leitfaden für Arbeitgeber, sowie Betriebs- und Personalräte, 1. Auflage, Juli 2017 <https://www.bmfsfj.de/blob/118298/f9896570e6d9a5cf1afac0f5d192a 834/das-entgelttransparenzgesetz-ein-leitfaden-fuer-arbeitgeber-sowie-fuer-betriebs-und-personalraete-data.pdf>(20.12.2018)

Bundesministerium für Familie, Senioren, Frauen und Jugend: „Verringerung des Verdienstabstandes zwischen Männern und Frauen" Ressortbericht (2010 <https://www.bundesregierung.de/re-source/blob/997532/430064/ab5a8ddd8aa8147a236ad5c6496197d1/b mfsfj-ressortbericht-data.pdf?download=1>(08.01.2019)

Busch, Anne; Holst, Elke: Geschlechtsspezifische Verdienstunterschiede bei Führungskräften und sonstigen Angestellten in Deutschland: Welche Relevanz hat der Frauenanteil im Beruf? Zeitschrift für Soziologie, Vol. 42, No. 4: 315-336, 2013

Chapman, Ben: „International Women's Day 2017: Iceland becomes first country in the world to make firms prove equal pay- The Nordic nation has pledged to eradicate the gender pay gap by 2022", in: Independent, 08.03.2017 < https://www.independent.co.uk/news/business/news/iceland-equal-pay-international-womens-day-2017-world-first-country-a7618986.html>(03.01.2019)

Corinna Frodermann, Corinna, Schmucker, Alexandra, Müller, Dana: Entgeltgleichheit zwischen Frauen und Männern in mittleren und großen Betrieben, Institut für Arbeitsmarkt- und Berufsforschung, 3.Auflage, Nürnberg, 18.06.2018 <http://doku.iab.de/forschungsbericht/2018/fb0318.pdf >(12.02.2019)

Dankbar, Christine: „Frontal 21 - Reporterin verklagt ZDF, weil sie weniger verdient als männliche Kollegen", in: Berliner Zeitung, 08.12.2016 < https://www.berliner-zeitung.de/wirtschaft/frontal-21-reporterin-verklagt-zdf--weil-sie-weniger-verdient-als-maennliche-kollegen-25243916>(16.02.2019)

Die Börse Frankfurt: Eur/ISK <www.boerse-frankfurt.de/devisen/euro-islaendische_krone-kurs> (10.01.2019)

Deutscher Bundestag, wissenschaftliche Dienste: Entwurf eines Gesetzes zur Förderung der Transparenz von Entgeltstrukturen, 13.02.2017 <https://www.bundestag.de/blob/493740/ef3ab5c0d32a1a68d31fc03d3a882948/1811133-data.pdf>(10.01.2019)

Die Welt Online, ZDF-Reporterin scheitert erneut mit Klage auf gleiche Bezahlung, in: Die Welt, 05.02.2019 < https://www.welt.de/vermischtes/article188300839/Zweite-Instanz-ZDF-Reporterin-scheitert-erneut-mit-Klage-auf-gleiche-Bezahlung.html>(16.02.2019)

Deutscher Bundestag, wissenschaftliche Dienste: Gesetz zur Entgeltgerechtigkeit zwischen Männern und Frauen in Island. 05.02.2018 <https://www.bundestag.de/blob/547406/c52c7692330776664c4a64c60ace8be4/wd-6-005-18-pdf-data.pdf> (10.01.2019)

Deutscher Bundestag, wissenschaftliche Dienste: Entgeltunterschiede zwischen Männern und Frauen in Deutschland und in den Mitgliedstaaten der Europäischen Union,02.02.2011 <https://www.bundestag.de/blob/410528/4012a15e1df4eee6d64d29bed2cd758e/wd-6-222-10-pdf-data.pdf>(15.01.2019)

Ernst & Young: „Frauen im TopManagement im deutschen Mittelstand-Befragungsergebnisse, März 2017<https://www.ey.com/Publication/vwLUAssets/EY_-_Frauen_im_Top-Management_im_deutschen_Mittelstand/$FILE/ey-mittelstandsbarometer-deutschland-frauen-2017.pdf>(10.01.2019)

Europäische Kommission: „Frauen in Führungspositionen: Deutschland im EU-Vergleich weit hinten", Presse, 07.03.2018< https://ec.europa.eu/germany/news/frauen-führungspositionen-deutschland-im-eu-vergleich-weit-hinten_de>(10.01.2019)

Focus Online: „Frauen in deutschen Vorständen immer noch eine Seltenheit" Studie, 08.01.2019< https://www.focus.de/finanzen/boerse/wirtschaft-sticker/studie-frauen-in-deutschen-vorstaenden-immer-noch-eine-seltenheit_id_10156886.html>(09.01.2019)

Gaber, Jörgen: Die Berichtspflicht des Arbeitgebers nach dem Entgelttransparenzgesetz, 01.01.2018 <https://www.gssr.de/6605-2/>(16.01.2019)

Hofmeister, Heather, Hünefeld, Lena: „Frauen in Führungsposition" Bundeszentrale für politische Bildung, 08.11.2010 < http://www.bpb.de/gesellschaft/gender/frauen-in-deutschland/49400/fuehrungspositionen?p=all>(09.01.2019)

International Labour Organization, o. Datum: Sweden: Equal Opportunities Act (No. 433). <http://www.ilo.org/dyn/natlex/natlex4.detail?p_lang=en&p_isn=37126> (15.01.2019)

Jochmann-Döll, Andrea/Ranftl, Edeltraud: Impulse für die Entgeltgerechtigkeit: Die ERA und ihre betriebliche Umsetzung auf dem gleichstellungspolitischen Prüfstand, Berlin, 2010.

Kotthaus, Elisabeth Vertretung der Europäischen Kommission in Deutschland, Empfehlung der Europäischen Kommission zur Stärkung des Grundsatzes des gleichen Entgelts für Frauen und Männer durch Transparenz C (2014)1405 vom 7. März 2014 <http://www.equal-pay.wiki/images/e/eb/Empfehlung_der_EU-Kommission_-_Elisabeth_Kotthaus.pdf> (15.01.2019)

Krell, Gertraude, Ortlieb, Renate, Sieben, Barbara: Chancengleichheit durch Personalpolitik- Gleichstellung von Frauen und Männern in Unternehmen und Verwaltungen, 6. Auflage, Wiesbaden, Gabler Verlag, 2011

Lillemeier, Sarah: Der Entgeltgleichheit einen Schritt näher - Die EVA-Liste zur Evaluierung von Arbeitsbewertungsverfahren, Bundesministerium für Familie Senioren und Jugend, Broschüre, 3.Auflage, Oktober 2018.

Lillemeier, Sarah: Anonymisierte Ergebnisse der Beispielsanalyse ausgewählter Tarifverträge mit der EVA-Liste zur Evaluierung von Arbeitsbewertungsverfahren, Bundesministerium für Familie, Senioren, Frauen und Jugend, April 2014 <https://www.bmfsfj.de/blob/93494/e17b577ac517a8bfba186fdc99974a3e/der-entgeltgleichheit-einen-schritt-naeher-die-eva-liste-beispiele-data.pdf >(15.01.2019)

Marinósdóttir, Magnea, o. Datum : "This is why Iceland ranks first for gender equality" <https://www.weforum.org/agenda/2017/11/why-iceland-ranks-first-gender-equality/>(10.01.2019)

Mayer, Veronika: „Kein Recht auf gleichen Lohn", in: Süddeutsche Zeitung, 05.Februar 2019< https://www.sueddeutsche.de/karriere/gehalt-birte-meier-zdf-1.4317783>(16.02.2019)

Meier, Christian: „ZDF-Reporterin scheitert mit Klage für mehr Lohngleichheit", in: Die Welt, 01.02.2017 <https://www.welt.de/vermischtes/article161729523/ZDF-Reporterin-scheitert-mit-Klage-fuer-mehr-Lohngleichheit.html>(10.02.2019)

Ministry of Justice, Sweden: Public Access to Information and Secrecy Act-Information concerning public access to information and secrecy legislation, etc, 2009 <https://www.regeringen.se/49bb7e/contentassets/2c767a1ae4e8469fbfd0fc044998ab78/public-access-to-information-and-secrecy-act> (15.01.2019)

Rentzsch, Felix: „Radikales Gesetz: Island zwingt Firmen schon bald dazu, Männer und Frauen gleich zu bezahlen", in: Business Insider Deutschland, Wirtschaft, 9.03.2017 < https://www.businessinsider.de/in-island-verdienen-frauen-bald-genausoviel-wie-maenner-2017-3> (22.12.2018)

rbb24.de: „Beschluss im Abgeordnetenhaus: Berlin erklärt Frauentag zum gesetzlichen Feiertag", 24.01.2019, 19:07 Uhr <https://www.rbb24.de/politik/beitrag/2019/01/neuer-feiertag-berlin-8-maerz-beschlossen-abgeordnetenhaus.html>(10.02.2019)

Schmitz, Julian: „Mehr Frauen im Mittelstand!", in: Funding Circle, 08.03.2018 <https://www.fundingcircle.com/de/blog/mehr-frauen-im-mittelstand>(10.01.2019)

Schrammel Walter, Windisch-Graetz Michaela, Europäisches Arbeits- und Sozialrecht, 2.Auflage, UTB, 15.01.2018

Sweden Sverige, o. Datum: „Gender Equality in Sweden- The Sweden approach to gender equality " Swedish Institute, <https://sweden.se/society/gender-equality-in-sweden/>(04.01.2019)

Statistisches Bundesamt (Destatis): Drei Viertel des Gender Pay Gap lassen sich mit Strukturunterschieden erklären, Pressemitteilung Nr. 094 vom 14.03.2017 <https://www.destatis.de/DE/PresseService/Presse/Pressemitteilungen/2017/03/PD17_094_621.html>(23.12.2019)

Statistisches Bundesamt (Destatis), o. Datum: Gender Pay Gap 2016: Deutschland weiterhin eines der EU-Schlusslichter <https://www.destatis.de/Europa/DE/Thema/BevoelkerungSoziales/Arbeitsmarkt/GenderPayGap.html>(25.12.2018)

Statistisches Bundesamt (Destatis), o. Datum: Zahlen und Fakten – Kleine & mittlere Unternehmen, Mittelstand, <https://www.destatis.de/DE/ZahlenFakten/GesamtwirtschaftUmwelt/UnternehmenHandwerk/KleineMittlereUnternehmenMittelstand/Aktuell_.html> (18.01.2019)

Statistisches Bundesamt (Destatis), o. Datum 61 % der tätigen Personen arbeiten in kleinen und mittleren Unternehmen <https://www.destatis.de/DE/ZahlenFakten/GesamtwirtschaftUmwelt/UnternehmenHandwerk/KleineMittlereUnternehmenMittelstand/Aktuell_.html;jsessionid=97C0E88B4530F334EF1B7307E28C2B2C.InternetLive2>(08.01.2019)

StepStone: Der Gehaltsreport 2018: Das verdienen Deutschlands Fach- und Führungskräfte,25.02.2018. <https://www.stepstone.de/Karriere-Bewerbungstipps/stepstone-gehaltsreport-2018/>(15.01.2019)

StepStone: „Großkonzern oder Mittelstand- Wo sind die Chancen besser?" 08.06.2017 < https://www.stepstone.de/Karriere-Bewerbungstipps/grosskonzern-oder-mittelstand/>(15.01.2019)

Spiegel Online: „Gender Pay Gap - Island verbietet ungleiche Löhne von Männern und Frauen", in: Der Spiegel, Donnerstag 04.01.2017 <http://www.spiegel.de/karriere/island-gesetz-fuer-mehr-lohngleichheit-von-frauen-und-maennern-a-1186157.html> (10.01.2019)

Tondorf, Karin, Döll, Jochmann, Andrea, (Geschlechter-) Gerechte Leistungsvergütung? - Vom (Durch-)Bruch des Leistungsprinzips in der Entlohnung, 1.Auflage, VSA, 30.09.2005

Tondorf, Karin, Döll, Jochmann, Carl, Andrea: „Gleichbehandlungs-Check" Abschlussbericht des Projekts zur Entwicklung des Gleichbehandlungs-Checks, Antidiskriminierungsstelle des Bundes 05.09.2017 < <http://www.antidiskriminierungsstelle.de/SharedDocs/Downloads/gb-check/Abschlussbericht_gb-check.pdf?_blob=publication-File&v=5>(02.01.2019)

Tomic, Marina: Gender Mainstreaming in der EU - Wirtschaftlicher Mehrwert oder soziale Gerechtigkeit? 1.Auflage, VS-Verlag, 2013

Oerder, Lena: Zur Entgeltgleichheit von Frauen und Männern – Rechtssoziologische Erkenntnisse und Analysen neuer Informationsrechte, Schriften der Hans-Böckler-Stiftung, Band 81, 2015.

Presse- und Informationsamt der Bundesregierung: Equal Pay Day am 18. März: Eine Frage der Gerechtigkeit <https://www.bundesregierung.de/breg-de/aktuelles/eine-frage-der-gerechtigkeit-845030> (10.02.2019)

Presse- und Informationsamt der Bundesregierung: Internationaler Frauentag: Gleichstellung ist noch nicht selbstverständlich <https://www.bundesregierung.de/breg-de/aktuelles/-gleichstellung-ist-noch-nicht-selbstverstaendlich--842360>(10.02.2019)

Presse- und Informationsamt der Bundesregierung: Rede der Bundesministe-
rin für Familie, Senioren, Jugend und Frauen, Dr. Katarina Barley zur ver-
einbarten Debatte zum Internationalen Weltfrauentag am 8. März 2018
vor dem Deutschen Bundestag am 1. März 2018 in Berlin
<https://www.bundesregierung.de/breg-de/service/bulletin/rede-der-
bundesministerin-fuer-familie-senioren-frauen-und-jugend-dr-katarina-
barley--862394>(10.02.2019

U.S. Equal Employment Opportunity Commission, o. Datum, Employees & Job
Applications <https://www.eeoc.gov/employees/> (16.01.2019)

U.S. Equal Employment Opportunity Commission, o. Datum, Equal Pay/Com-
pensation Discrimination < https://www.eeoc.gov/laws/types/equalcom-
pensation.cfm> (16.01.2019)

U.S. Equal Employment Opportunity Commission, o. Datum,
<https://www.eeoc.gov/index.cfm> (16.01.2019)

Von Wahl, Angelika: Gleichstellungsregime - Berufliche Gleichstellung von
Frauen in den USA und in der BRD, Springer VS-Verlag, 1999

Zdrzalek, Lukas: "Gehaltsvergleich: Wie viel verdient mein Kollege?" in: Die
Zeit, 2. März 2015<https://www.zeit.de/karriere/2015-03/gehaltsver-
gleich-manuela-schwesig-gehalt-offenlegung>(02.01.2019)

Zinke, Guido: „Geschlechterungleichheiten: Gender Pay Gap", Bundeszentrale
für politische Bildung. 11.08.2014 < <www.bpb.de/politik/innenpoli-
tik/arbeitsmarktpolitik/187830/gender-pay-gap?p=all>(08.01.2019)